KB061762

진정한 자유인
공초 오상순

나남
nanam

나남신서 2049

진정한 자유인 공초 오상순

2020년 6월 15일 발행
2020년 6월 15일 1쇄

지은이   이승하
발행자   趙相浩
발행처   (주) 나남
주소   10881 경기도 파주시 회동길 193
전화   (031) 955-4601(代)
FAX   (031) 955-4555
등록   제 1-71호(1979.5.12)
홈페이지   http://www.nanam.net
전자우편   post@nanam.net

ISBN 978-89-300-4049-5
ISBN 978-89-300-8655-4 (세트)

나남신서 2049

진정한 자유인
공초 오상순

이승하 지음

머리말
구상 선생님과 고 박윤희 박사를 추모하며

공초空超 오상순吳相淳 시인 하면 떠오르는 두 개의 단어는 '꽁초'
와 '허무'가 아닐까요? 늦게 배운 도둑질이 날 새는 줄 모른다
고, 30대에 들어 시작한 흡연은 하루 종일 담배를 물고 사는
애연가의 길을 걷게 했습니다. 그 바람에 세상은 그에게 '꽁초
오상순'이라는 별명을 붙여 주었습니다. 그리고 1923년에 주
간 시사잡지 《동명東明》 제8호에 시 〈허무혼虛無魂의 선언宣
言〉을, 1924년에 동인지 《폐허이후廢墟以後》에 〈폐허廢墟의 제
단祭壇〉, 〈허무혼虛無魂의 독어獨語〉 같은 시를 발표함으로써
허무주의자로 알려지게 되었습니다.

　결혼도 한 적이 없었고 확실한 거처 없이 평생을 떠돌며 산
것도 그에게 허무주의자라는 인상을 주었습니다. 하지만 그의
생애를 찬찬히 살펴보면 오히려 현실을 긍정하고, 현실적 삶

에서 해탈한 도인道人의 면모를 발견할 수 있습니다.

저의 대학시절 스승인 구상具常 선생님은 수업시간 때나 사석에서나, 인터뷰 자리에서도 "공초 선생은 나의 스승"이라는 말씀을 하셨습니다. 구상 선생님은 25년 연상인 오상순과 사제지간의 인연은 없었지만, 평생 정신적으로 의지하고 따른 점에서 스승으로 생각한 것이 아닌가 여겨집니다.

특히 오상순이 한평생 단체장이나 문단의 감투를 쓴 적이 없음을 높이 평가했던 구상 선생님은 오직 문학에 대한 순정한 열정을 가진 그를 본받고자 애를 썼던 것 같습니다. 오상순은 사람들을 만나면 늘 "반갑고, 고맙고, 기쁘다"란 말을 인사말로 건넸는데, 구상 선생님은 이 말을 넣어 시 〈꽃자리〉를 쓰기도 했습니다.

반갑고 고맙고 기쁘다

앉은 자리가 꽃자리니라!

네가 시방 가시방석처럼 여기는
너의 앉은 그 자리가
바로 꽃자리니라.

반갑고 고맙고 기쁘다

— 〈꽃자리〉 전문

　오상순의 인사말을 시의 구절로 삼은 것도 존경심에서 우러
나온 행위가 아니었을까요. 오상순 시인이 작고했을 때 장례
를 문단장文檀葬으로 치를 수 있었던 것도 구상 선생님의 주선
덕분이었습니다.

　오상순 25주기 때 구상 선생님이 공초 추모의 글과 공초론을
모아서 낸 책《시인 공초 오상순》에서 오상순을 이렇게 평가
합니다.

　　그러므로 공초 오상순의 위대성이라면 무교리無敎理의 종교가로,

　　초논리超論理의 사상가로, 시작詩作 않는 시인됨에 있었다 할 것이

　　요, 그는 현대 한국이 낳은 기인奇人이요, 대덕大德이요, 동방의

　　현자賢者였다.

　인간 오상순에 대한 평가가 이보다 명확할 수는 없습니다.
그런데 이 책의 머리말에서 구상 선생님은 '박호준'이라는 이름
을 거론합니다. 이 책에 실린 8편 연구논문의 고료를 시인 박
호준 씨가 부담했다면서 감사의 인사를 했습니다. 시인 박호

준? 이 책의 독자들에게는 생소한 이름일 것입니다. 박호준은 오상순의 인품에 매료되어 서울 환도 후에 그를 그림자처럼 따라다니며 비서 노릇을 했던 사람입니다. 오상순 서거 후에 그도 담배 때문인지 1980년대에 불귀의 객이 되고 말았는데, 정확히 몇 년인지는 모르겠습니다. 박호준의 딸 박윤희는 저의 제자로서 아버지의 유지를 받들고자 오상순을 평생 연구하기로 합니다.

박윤희는 중앙대 문예창작학과와 예술대학원 문학예술학과를 졸업했습니다. 학부 시절, 워낙 조용히 학교를 다녀 제 인상에 남은 학생이 아니었는데 예술대학원 문학예술학과에 진학하여 공부를 계속하겠다기에 조금 의외였습니다.

박윤희 원생은 대학원 시절에 일본어 공부를 따로 열심히 하더니 일본 유학의 길을 떠났습니다. 교토에 있는 교토조형예술대학에서 석사학위를 받고는 바로 박사과정에 입학하여 2008년에 박사학위를 받았습니다. 오사카에 있는 한국대사관에 비정규직으로 취직하여 다년간 교토까지 통학했습니다. 그 당시에는 꽤 무게가 나가는 노트북을 배낭에 넣어 짊어지고 (무거운 책은 말할 것도 없고) 매일 기차를 타고 통학했던 것입니다.

윤희 학생은 1년에 두 번 방학을 맞아 귀국할 때마다 꼭 저를 찾아와 인사했습니다. 저는 사당동의 찻집에서 만나 학문

연구에 매진하는 제자를 위해 격려를 아끼지 않았습니다. 그런데 박사학위를 받고 얼마 안 되어 윤희는 불치의 병으로 세상을 떠나고 말았습니다.

저는 제자 살아생전에 소명출판사에 함께 가서 박성모 사장에게 소개했습니다. 논문은 통과되었으나 졸업식은 하기 전이었습니다. 한국에 잠시 귀국했던 그때, 논문이 책자로 나오기만 하면 곧바로 소명출판사에서 번역·출간하기로 약조했는데 출판계약서를 쓰도록 하지 않은 것이 두고두고 후회됩니다. 윤희는 세상을 떠났고, 논문은 세상의 빛을 보지 못한 채 교토의 대학도서관에 안치(?) 되어 있습니다. 유족이 책 출간을 반대한 이유는 아버지도 딸도 오상순이 데려갔다고 생각하는 데서 오는 거부감에 그 원인이 있는 것 같았습니다. 가족의 이런 심정은 저도 충분히 이해가 갑니다.

아래는 동기생이 자기네들 카페에 올린 부고訃告입니다.

우리 동기 박윤희가 2010년 3월 28일 오늘, 이른 아침에 세상을 떠났습니다. 그동안 일본에서 열심히 유학했고, 박사학위를 받고 작년 여름에 귀국했는데 학업에 매진하느라 미처 건강을 돌보지 못한 모양입니다. 작년 《문학사상》 8월호에 윤희가 그간 연구한 공초 오상순 선생에 대한 글이 실리기도 했습니다. 윤희 아버님이 생전에 오상순 선생을 스승으로 모시면서 그분 사후에도 20년간 제사를 지내시기도 했습니다. 그래서 윤희는 돌아가신 아버님, 고 박호준 시인의 유지를 생각하면서 아버지의 뒤를 이어 공초 오상순 선생을 연구했던 것 같습니다.

윤희는 일본에서 한·일 비교문학을 공부했고, 홋카이도대학에서 교수로 초빙하기도 했지만, 10년간 타지에서 공부하면서 너무 외롭고 힘들었기 때문에 이제 고향에 돌아와 가족과 지인들과 함께 지내려고 귀국했는데, 귀국하고 두 달 만에 백혈병이었다는 걸 알게 되었다고 해요. 너무 늦게 병이 발견되어 어떻게 손을 쓸 수가 없었던 모양입니다. 그간 투병 생활을 했지만 오늘 아침 세상을 떠났습니다.

저도 그 소식을 너무 늦게 알게 되어 요 며칠 병실에 찾아갔지만, 윤희가 힘든 상태라 많은 이야기를 나누지 못하고 그냥 얼굴만 바라보고 손만 붙잡고 있었던 게 가슴에 맺힙니다. 고인이 오랫동안 타지에서 외로웠을 거라고, 고인의 가족분들이 말씀하시길, 부디 떠날 때는 많은 친구, 지인들이 와 주셔서 좀 외롭지 않게 해 주신다면 너무 고맙겠다고 하십니다.

오랫동안 윤희를 보지 못한 동기님들이 많을 줄 압니다. 저도 그랬고요. 이제 와 세상을 떠난 순간에 만나는 것이 새삼스러울 줄 알지만, 고인과 그 가족분들의 마음을 위로해 주시면 고맙겠습니다. 윤희의 집이 있는 양평의 장례식장(경기도 양평군 ○○읍 ○○리 ○○○, 031-○○○-○○○○) 입니다. 서울도 아니고 양평이라 쉽게 갈 수 있는 거리는 아닐 거예요. 못 오시는 분들도 그저 마음으로라도 윤희의 가는 길을 빌어 주세요. 우리 동기들 가운데 처음 떠나는 친구네요. 고인의 명복을 빕니다.

위의 부고는 황망한 가운데도 우정을 듬뿍 담아서 쓴 감동적인 글이었습니다. 구로구에 있는 고대부속병원에 문병 갔을 때, 윤희는 저를 알아보고 "선생님…" 힘없이 말하면서 미소를 지었습니다. 대화도 잠시 나누었지만 온몸의 기운이 완전히 빠진 것 같았습니다. 말 한마디 하는 것도 쉽지 않아 보였습니다. 장례식장에 가서 한참 동안 울었습니다.

귀국할 때마다 별로 잘 해준 것도 없는 스승을 잊지 않고 꼭꼭 찾아준 제자, 일본에 갔을 때 전화했더니 어디 세미나에 가서 논문을 발표해야 하므로 못 만날 형편이라며 죄송하다고 말한 제자, 중국의 내 지인을 소개했더니 중국에 가서 그분을 찾아뵙고 중요한 자료를 얻어 올 수 있었다고 감격해서 귀국 보고를 했던 제자.

유족의 반대로 논문을 출간하지 못하게 되자 저는 일본의 지도교수 하가 토오루芳賀徹에게 편지를 썼습니다. 약속을 하고는 일본에 직접 가서 만났습니다. 박사논문 책 출간을 허락해 주지 않는 가족을 당신이 좀 설득해 달라고 간청했습니다. 지도교수의 말이면 유족도 들어줄 거라고. 하지만 그분의 가족에 대한 설득조차 실패로 끝나고 말았습니다.

제자의 이른 죽음이, 목숨을 바쳐서 쓴 논문이 사장死藏되고만 것이 너무나 애석하고 애통합니다. 부록에다 실은 제 글은 윤희가 귀국하여 저에게 박사논문을 건네자 제가 곧바로 문학사상사에 전화해서 싣게 된, 논문 소개의 글입니다. 《문학사상》 편집위원을 했다는 명분을 내세워 제가 떼를 써봤습니다. 일본에서 한국 시인을 연구하여 박사학위를 받기 쉬운 것이 아니다, 그것도 교토조형예술대학은 유명한 대학이고, 지도교수는 일본의 석학으로 추앙받는 아무개 교수라고 설득했습니다. 그래서 몇 달 뒤에는 표지를 아예 오상순 시인으로 하는 '오상순 특집호'가 나왔고, 저의 소개 글과 박윤희 박사의 논문 요약문이 함께 실리게 되었습니다.

제가 공초 오상순 평전을 쓰고자 한 이유는 공초가 저의 스승인 구상 선생님이 존경해 마지않았던 분이라는 것과, 제자 박윤희의 노고가 세상에 조금이라도 알려졌으면 하는 바람 때문입니다. 제가 쓰는 평전의 상당 부분이 박윤희의 박사논문에서 가져온 것입니다. 웬만하면 각주를 달았지만 그렇게 하지 않은 대목도 있을 것입니다.

　삼가 오상순과 구상 시인, 박호준과 윤희 부녀의 명복을 빕니다. 박윤희의 박사논문 전문을 번역해 주신 임나현 님께도 감사의 인사를 드립니다. 박윤희의 유족이 이 책을 보게 되면 목숨을 바쳐서 쓴 그의 박사논문이 세상에 모습을 드러낼 수 있도록 도움을 주시면 고맙겠습니다.

2020년 5월

이송하

나남신서 2049

진정한 자유인
공초 오상순

차 례

1

시인이 탄생하다

공초空超 오상순吳相淳 시인이 〈백일몽〉이란 시에서 어머니를 외쳐 부른다. 처음에는 "신성불가침의 어머니여"라고 점잖게 부르다가, 나중에는 "좋아서 미운 어머니/ 고마워 딱한 어머니" 하면서 애통해 한다. 결국 "그러면 어쩌잔 말이요 이 딱한 엄마야/ 어쩌잔 말이요 어쩌잔 말이요" 하며 부르짖는다. 흐느껴 운다.

    오

    크나큰 무덤이여 영원한 적멸궁寂滅宮이여

    오

    신성불가침의 어머니여

    오

신성불가침의 어머니여

무섭게 좋은 어머니 한없이 고마운 어머니

그러나 좋아서 미운 어머니

고마워 딱한 어머니

이러면 어쩌잔 말이요 이 딱한 엄마야

그러면 어쩌잔 말이요 이 딱한 엄마야

어쩌잔 말이요 어쩌잔 말이요

— 〈백일몽〉에서

　중학생 때 돌아가신 나羅 씨 성을 가진 어머니를 상순은 무진장 사랑하였다. 어머니가 돌아가신 이후부터 그의 방황은 시작되었고, 방황은 방랑으로 이어졌다. 죽는 날까지.

　오상순은 서울사람이다. 1894년 음력 8월 9일에 서울시 중구 장충동 1가 19번지, 광희문光熙門 안에 있는 일명 '느티나무 집'에서 태어났다. 집의 상징인 큰 느티나무 한 그루를 상순은 몹시 사랑하여 훗날 이 나무에게 '유처柳妻'라는 이름을 붙여 주었다.

　1924년, 두 번째 중국 방랑을 마치고 돌아와서 불현듯 느티나무가 보고 싶어 장충동 옛집에 가 보았더니 느티나무가 그대로 있는 것이 아닌가. 감동한 나머지 이런 시를 썼다.

길고 긴 세월은 무심히도 흘러갔다.

오래 이방에서 방랑하던 나그네의 고단하고 무거운 몸을 끄을고 나는 돌아왔다. 옛집 옛 고향에.

옛 고향은 다른 나라 사람의 마을이 되었고

이전 나의 집에는 아도 보도 못하던 사람이 장사를 하고 있다.

옛날 모습이 다 바뀌어 변해버린 가운데도

옛날 우리 집 뜰 앞에 버드나무 하나만은 모양은 물론 많이 변하였으나,

여전히 그저 서서 있다.

오래 돌아오지 아니하는 옛 주인 그리워 바라고 고대하는 듯이.

오 — 버드나무! 우리 버드나무! 나의 동무! 나와 같이 자라나던 옛 친구!

내가 너의 등에 올라타고 말뚝박기하던 동무!

너를 타고서 아무리 꺼덕거려도 달아나 주지 않는다고 심술부리며 트집하던 나는 지금 너에게로 돌아왔다.

나는 잊지 않고 지금도 어제 같이 생각난다.

너의 잔등이는 나의 어릴 때의 눈물 콧물도 많이 받았고

너의 뱃가죽에는 개천 속에 번쩍이는 사금파리 혹은 유리조각을 주워다가

네가 아파한 줄도 모르고 핏덩이 같은 고사리 손으로, 글자 아

닌 글자,

그림 아닌 그림,

말 아닌 말을 그리며 새기었다.

너는 실로 어린 나의 원시적 창조욕의 표현을 위한

나의 어리고 고마운 수난자이었다.

그리고 너하고 씨름도 많이 했다.

벌거숭이로 땀 흘려가며,

아 그때 우리가 흘리어 떨어트리던 땀은

바로 너의 발밑에 노래하며 쉬지 않고 흘러가는

맑은 냇물 속의 붕어가 받아먹었지 아마.

네가 지금 서있는 그곳에 너의 어린 뿌리를 손수 친히 심고 북

돋아 주던 할아버지!

나를 안아 주고 업어 주시던 우리 할아버지는 이미 땅 속에 돌

아가셨구나!

― 〈폐허행〉 전반부

한국전쟁 이후 오상순이 시인 양명문의 집에 기거할 때였

다. 양명문의 집은 장충동 2가에 있었는데 두 사람이 산책을 나갔다. 생가는 사라지고 없었지만 바로 그 느티나무가 있었다. 상순은 "내 귀빠진 곳이 이 근처인데…"라면서 느티나무를 붙잡고 울었다. 양명문은 오상순의 회갑 때 이런 시를 써서 선물했는데, 시집에 실린 이 작품은 김연준이 작곡하여 가곡으로 널리 불려지기도 했다.

내 일찍이 젊은 날에

그대와 단둘이서 느티나무

푸른 그늘에 속삭이며 포옹하였네

우수수 낙엽지는 가을날

내 이제 느티나무 찾아와

신비론 눈동자 정다운 미소

그대의 옛 모습 그리며

덧없이 흘러간 그 옛날 더듬어 보네

간절히 노래 불러 봐도

다시는 돌아오지 않는 그대여

— 양명문, 〈느티나무 아래서〉 전문

어린 상순의 친구가 되어 주었던 우람한 느티나무는 지금은 흔적도 남아 있지 않다. 장충동 1가 19번지는, 지금도 있는 유명한 냉면집 '평양면옥' 바로 뒷골목 어느 지점쯤 된다.

이제부터 오상순이 태어난 무렵의 정세를 간략하게 정리해보고자 한다. 오상순의 거취와 직접 관련은 없을지 모르나, 한 시대 속에 자리한 오상순의 가계도家系圖를 이해하는 데는 의미가 있으리라 본다.

오상순이 태어난 1894년(갑오년)은 우리나라 근대사 전개 과정상 아주 중요한 해였다. 갑오개혁甲午改革이 실시된 해이고, 갑오농민전쟁이 시작된 해이며, 청일전쟁이 일어난 해이기도 하다. 갑오농민전쟁은 일본군의 지휘를 받는 관군에 의해 농민군이 참패하면서 끝이 났다. 이 뒤로 개화파가 실권을 잡아 일본에 대한 의존도가 높아졌다고 할 수 있다.

청일전쟁은 갑오농민전쟁에 출병하는 문제로 청나라와 일본 사이에 일어난 전쟁으로 일본군이 평양 교외의 육지전陸地戰에서, 황해와 웨이하이웨이威海衛의 해전海戰에서 승리해 1895년에 시모노세키 조약을 맺으며 끝났다. 청일전쟁은 일본이 군사강국이고 중국이 종이 호랑이임을 세계에 널리 알린 전쟁이라고 할 수 있다. 1904년에 일어난 러일전쟁에서도 일본은 러시아에 대승을 거두어 아시아에서 적수가 없음을 입증, 곧바로 조선 침략에 나섰다.

휠씬 전인 1866년에 병인양요丙寅洋擾가, 1871년에 신미양요辛未洋擾가 일어났다. 그 무렵 한반도를 식민지로 만들려고 욕심낸 나라는 병인양요를 일으킨 프랑스와 신미양요를 일으킨 미국 외에 일본, 영국, 독일, 러시아 등 총 6개국이었다.

일본의 끈질긴 요구로 1894년에 갑오개혁이 실시되면서 과거科擧제도와 승정원承政院이 폐지되었다. 고려 광종 때 처음 실시한 이후 1천 년 동안 지속한 과거제를 폐지하고, 지금으로 치면 '대통령 비서실'에 해당하는 승정원을 없앴다는 것도 국력의 약화를 의미했다.

고종과 명성황후는 당연히, 일본의 간섭이 지나치다고 생각했다. 1895년에 친러파가 우세한 김홍집 내각이 들어서자 일본은 조선을 둘러싼 패권 다툼에서 밀려나고 있다는 불안감에 휩싸였다. 일본은 조선의 왕비를 제거하고 왕을 허수아비로 만들 공작에 착수했다.

그보다 더 전인 1850년대였다. 일본에서는 임진왜란과 정유재란 때 삼키지 못한 조선반도를 이제는 강점할 것을 주장한 요시다 쇼인吉田松陰의 정한론征韓論이 지식인층 사이에 넓게 퍼져 지지를 받고 있던 터였다. 조선 정벌은 이제 시간문제일 뿐 기정사실이나 다름없었다.

'청일전쟁에서 이겨 힘을 세계만방에 과시한 우리가 가만히

경기도 여주의 생가에 세워진 명성황후순국숭모비

있을 수 없지.'

일본은 무서울 것이 없었다. 그들은 사무라이들을 경복궁에 난입시켜 명성황후를 시해하고 기름을 끼얹어 불을 질렀다. 그리고 친러내각을 친일내각으로 교체했다. 이것이 1895년에 일어난 을미사변乙未事變이다.

대원군은 일본의 압력에 굴복해 훈련원訓鍊院을 해산했다. 조선이 자체적으로 군인을 양성할 수 없게 된 것이다. 그리고 친일파 대신들의 요구에 못 이겨 단발령斷髮令을 단행했다.

을미사변 이후 국내에서는 의병義兵이 적게는 수십 명, 많게는 수백 명씩 조직되어 일본 군인의 지휘를 받는 관군에 대항했다. 하지만 중과부적이었다. 충돌이 곳곳에서 일어나 국가적으로 큰 혼란에 빠져들었다. 단발령 이후 유인석이 이끄는 의병은 한때 충주를 점령하기도 하였다. 그러나 일본군의 지휘를 받는 관군과 의병의 대결 양상이 전개되자 전투는 어찌 보면 내부의 충돌이었다. 총과 곡괭이의 대결이니 그 결과는 뻔했다. 의병들은 점차 힘을 쓰지 못하고 궤멸되어 뿔뿔이 흩어졌다.

조선은 그때 이후 하이에나 떼에게 물어뜯기는 늙은 사자나 진배없었다. 평안북도 운산 광산의 채굴권을 미국이, 함경북도 경원과 경성 광산의 채굴권을 러시아가, 강원도 당현 금광의 채굴권을 독일이 가져갔다. 가장 중요한 철도부설권은 일본이 차지했다.

오상순은 이런 총체적 국난의 시기에 목재상을 하는 아버지 오태연吳泰兗과 어머니 나羅 씨 부부의 차남으로 태어났다. 형제로는 장남 상익相益, 장녀 간난, 막내 상건相健 형제가 있었다. 본관이 해주인 오태연은 경기도 이천에 300석 규모의 쌀농사를 겸하고 있었다.

오상순의 호적을 떼어 보면 본적지가 서울시 성동구 하왕십리동 749번지로 되어 있어 출생지 장충동과는 다르다. 그 이유는 상순이 일본에 유학 가 있던 시절 부친이 재혼한 이후 장충동에서 경기도 이천으로 이사했다가 다시 서울로 이사했는데 그곳이 바로 하왕십리동이었기 때문이 아닌가 한다. 그런대로

빈한하지 않았던 성장기의 경제적 환경이었다. 목재상도 비교
적 잘되었다.

2

소학교와 중학교 시절

오상순은 1898년부터 1899년까지, 즉 다섯 살 때부터 여섯 살 때까지 집에서 가까운 서당에 다녔다. 유교 교과서라고 할 수 있는 책들을 읽고 외우는 '강독講讀'이 서당 공부의 중심이었다. 글자를 배우고 쓰는 '습자習字'와 직접 글을 지어보는 '제술製述'이 함께 이루어졌다. 특히 '제술'을 배울 때 시詩 쓰기의 기초를 배운 것이 아닌지, 생각해 볼 수 있다.

'강독'은 강약과 운율에 맞춰 마치 노래를 부르듯이 큰소리로 글을 암송케 하므로 이 또한 문학적 소양을 쌓는 데 도움을 주었을 것이다. 강독 시간에는 주로 《천자문》을 따라 외웠다. 《천자문》을 떼면 삼강오륜의 내용을 설명한 《동몽선습》, 중국 고전에서 좋은 글을 발췌한 《명심보감》, 일상에서 지켜야 할 예의와 도리에 대한 지침서인 《소학》을 중심으로 공부하는

것이 관례였다. 상순이 2년 동안 이 모든 것을 다 배우고 익혔
는지는 알 수 없다.

사념邪念과 망상妄想이

침습侵襲할 제

추상같은 명도銘刀를

빼 든다던

동도同道의 옛 벗아!

너는 지금 어디서

건투하느냐, 노력하느냐

생을 위하여 더 값진

생의 실현 위하여

나는 너를 추모함이 깊다

더욱이 정진의 기예氣銳가

둔함을 느끼는 작금에….

― 〈어느 친구에게〉 전문

학창시절을 돌이켜보며 쓴 시다. 같은 길을 걸어가던 옛 친
구에게 묻는다. 너는 지금 어디서 그때의 꿈을 실현코자 건투
하고 있느냐고. 더 값진 생을 실현코자 노력하고 있느냐고.

"나는 너를 추모함이 깊다"는 말은 친구가 죽어 애도한다는 뜻이 아니라, 친구가 그때의 꿈을 버리고 영달을 위해 살아가는 것이 안타깝다는 뜻이다. 나 또한 꿈이 많이 둔해졌다고 반성하는 내용이 담겨 있다.

1900년 일곱 살(만 6세) 때 상순은 어의동於義洞소학교에 입학했다. 발음하기가 어려워서였는지 양사동소학교로 불리기도 했다. 현재의 효제초등학교다. 장충동에서 종로구 효제동까지는 거리가 꽤 멀다. 을지로, 청계천, 동대문을 거쳐 종로까지 가는 동안 한눈을 팔며 걸으면 거의 한 시간 거리였다.

그 당시 어의동소학교 바로 옆에 큰 연못이 있어서 효제동 일대는 '연못골'로 불렸다. 연꽃이 많이 필 때면 '연지동蓮池洞'으로도 불렸다. 이곳의 땅 1만 3천 평을 헐값에 구입한 북미 장로교회의 선교사 E. H. 밀러는 선교사와 외국인이 거주하는 마을을 만들었다.

마을과 교회가 만들어지는 몇 년 동안이 바로 오상순이 소학교를 다니던 때였다. 서양식 건물이 지어지는 과정을 매일 봤을 테니, 문화적 자극을 받았을 법하다.

어의동소학교 시절의 특기할 사항은 《국민 소학독본》이란 책으로 공부했으리란 추측이 가능하다는 것이다. 국한문 혼용체이며 조선의 역사와 문화에 대한 것, 특히 세계정세에 대한 내용이 적지 않게 실려 있어 오상순이 이 책 덕분에 우물 안을 벗어난 개구리가 되었다는 데 큰 의의를 둘 수 있다. 이 책에는 시간, 운동, 자연, 중량, 물질, 공기 같은 과학용어 내지 철학 용어가 나왔을 뿐만 아니라 동양, 서양, 문화, 문명, 사회, 개량, 개화 같은 시사용어나 아세아, 서반아(스페인), 지나支那 (중국), 화성돈(위싱턴), 노서아(러시아) 같은 지명도 나왔다.

1898년 11월 5일자 〈황성신문〉을 보면 그 당시 소학교 학생들이 치른 졸업시험 문제가 나와 있다. 문제를 보면 오상순이 소학교 시절에 어떤 공부를 했는지 대강 알 수 있다.[1]

- 인도국은 무슨 이유로 영국의 속국이 되어 지금까지 자주自主 하지 못하는가.
- 보법전쟁普法戰爭에 보국(프로이센)은 어찌하여 승리하였으며 법국(프랑스)은 어찌하여 패배하였는가.
- 돌궐국은 어떤 나라인고. 그 나라 정치의 선善, 불선不善을 논함이 가함.
- 아我 대한은 어떻게 정치를 하여야 세계 일등국이 되는가.

---

1 이런 내용들은 박윤희(2008), 〈오상순의 문학과 사상: 1920년대, 동아 시아의 知的往還〉, 교토조형예술대학 대학원 박사학위논문을 참조함.

이렇게 수준 높은 질문을 했다는 것은 당시 소학교의 교육 수준이 상당히 높았다는 것을 뜻한다.

오상순이 장충동 집에서 나와 양사동소학교까지 가는 동안 외국 선교사들의 마을을 지나쳐야 했는데 외출하는 선교사들을 보기도 했을 터, 이러한 경험 또한 세상 물정에 눈을 뜨게 하는 계기가 되지 않았을까. 또한 바깥세상에 대한 호기심도 키우게 했을 것이다.

소학교 시절에 그는 교과서 공부 외에도 새로운 체험을 하게 된다. 기차를 타고 수학여행을 했을 것이라고 짐작해 볼 수 있다. 경인선 철도가 1899년에, 경부선 철도가 1905년에 개통된다. 그는 1906년에 졸업하므로 기차를 타고 경주나 부산에 수학여행을 갔겠지만 정말 갔는지 기록에 남아 있지는 않다.

운동회는 틀림없이 열었을 것이다. 그 당시 단거리 경주는 연자학비燕子學飛, 높이뛰기는 비어섬랑飛魚閃浪, 장대높이뛰기는 청령번풍蜻蛉飜風, 삼단뛰기는 옥토약월玉兎躍月이라 불렀다. 매스게임도 했다고 기록되어 있고 서울 소재 소학교들이 모여서 '연합운동회'를 했다는 기록도 있다.

1905년 가을 연합운동회는 훈련원(지금의 동대문역사문화공원) 자리에서 열렸다. 6천 명의 학생과 2만여 명의 시민 관객이 모였다고 한다. 1907년과 이듬해에는 고종황제가 상품을 하사했다는 기록도 있다.

오상순은 1906년 3월에 어의동소학교를 졸업하고, 4월에 경신학교敬新學校에 입학했다. 경신학교는 1886년 북미 장로교회 소속의 선교사 H. G. 언더우드에 의해 설립된 사립 미션스쿨이다. 2020년에 개교 135주년을 맞는 경신중·고등학교는 현재 서울시 종로구 혜화로에 자리 잡고 있는데, 당시에는 5년제 중학교로 효제동에 있었다. 광복 이후에야 중·고등학교로 분리되어 3년+3년, 6년제가 된다.

오상순의 시야가 점점 넓어지면서 세계인으로 발돋움하는 과정에서 경신학교는 큰 역할을 했다. 일본에 가서 종교철학을 전공한 것도 경신학교에 다닌 덕분이라고 할 수 있다.

경신학교 시절에 상순은 어머니를 여의고 상심한다. 1907년 8월, 상순이 13세 되던 해였다. 병사病死였던 듯하다. 여러 사람의 회고담을 찾아보아도 상순의 생모에 대한 정보는 확인할 수 없다. 4남매를 키우다 작고할 때까지 특별한 일화를 남기지 않았다는 뜻이다.

상순이 어의동소학교와 경신학교에 다닐 때의 일화도 기록되어 있지 않다. 상순을 둘러싼 기록이 없는 이유가 내성적인 성격 때문 아닌가 추측해 볼 뿐이다. 아무래도 내성적인 사람은 외향적인 사람보다 다른 사람의 눈에 잘 띄지 않는다. 다만 중학교 2학년 때 어머니를 여의면서 삶의 비극성에 대해 일찍 눈뜨게 된 것이 아닐까, 짐작은 해볼 수 있다.

바로 밑의 여동생 오간난은 작은오빠 상순에 대해 이렇게 회상한다.

둘째 오빠는 매우 온순한 학생이었으며, 장난을 치거나 동무들과 놀이를 한 적이 없었습니다. 학교 외에는 예배당이나 기독교 청년회관에 가고, 집에서는 밤낮으로 책만 읽었습니다. 2

오상순을 연구해 일본에서 박사학위를 받은 박윤희가 오간난을 직접 만났다는 말은 논문에 쓰지 않았지만, 아버지 박호준과 오상순의 관계를 생각해보면 간접적으로라도 이런 말을 들었을 개연성이 있다. 직접 만났을 수도 있다.

장충동 언덕을 내려와 종로까지 30~40분 등하굣길을 걸으며 소년 오상순은 어머니를 둘러싼 기억과 그리움을 묵묵히 삭여야만 했다. … 그가 학교 이상으로 열심히 다녔다는 YMCA에서 연동교회까지 이르는 긴 돌담은 '신의 권능'에 의지해서도 달랠 길 없

---

2 이런 회상의 말 또한 박윤희의 박사논문에 나온다. 위의 논문, 38쪽.

는 어머니를 향한 그리움과 삶의 의문만 털어놓고 해답을 찾지 못하는 그만의 '통곡의 벽'이었는지도 모른다. 3

중학교 2학년, 한창 감수성이 예민할 때 어머니를 여읜 일은 상순의 인생에 지대한 영향을 주었다. 그는 학교 도서관에서 책을 가장 많이 빌려 읽는 학생이었다. 독서삼매에 빠지면서 더욱더 내성적인 성격이 되어 갔다. 집의 버드나무를 좋아했을 뿐 아니라 개나 고양이를 특별히 좋아했다.

1927년에 〈짝 잃은 거위를 곡哭하노라〉란 글을 쓴 적이 있다. 부산 범어사에서 크게 멀지 않은 금정사에 머물 때였다. 동래온천에 있는 온천장 '벽초관'의 주인한테 거위 이야기를 들었다. 한 쌍을 키웠는데 사이가 너무 좋더라. 그런데 한 마리가 병으로 죽자 그 옆에서 거위가 밤낮 우는데 애처로워 못 보겠더라. 이를 듣고 거의 조문弔文에 가까운 글을 썼으니, 그의 동물 사랑이 얼마나 대단했는지 알 수 있다. 이 글은 훗날 고등학교 《국어》 국정교과서에 실려 그의 시보다 더 널리 읽혔다.

문단 후배 고월古月 이장희李章熙4를 특별히 아꼈던 것도 그가

3　위의 논문, 38쪽.
4　이장희(1900~1929)는 대구의 시인으로 이상화와 더불어 여러 차례 만

34

시 〈봄은 고양이로다〉를 썼기 때문이다. 이장희가 요절하자
〈고월과 고양이〉라는 긴 추억담을 쓰기도 했다.

고월의 시혼詩魂은 자기 손으로 그려 논 고양이 속에 봄과 더불어
완전히 살았다. 영원히 불멸하리라. 고양이 속에 봄을 살리고 시
를 살린 그 순간은 바로 영원 그것이다.

고양이와 봄과 시와 …. 이 얼마나 혼연渾然한 조화이냐?

고월은 한 마리 고양이를 완전히 살리기 위하여 이 세상에 태
어난 시인이다. 그는 시를 통하여 한 마리 고양이를 완전히 살렸
다. 그리고 그는 죽었다. 무슨 유한이 있으리오. [5]

상순이 일본에 유학 가 있던 시절에 아버지는 재혼을 했다.
1915년 12월 20일자로 호적에 정식으로 오른 계모[6]와의 사이
에 이복동생 상춘相春과 상선相善이 태어났다.

귀국 이후 계모와의 심한 불화는 오상순이 집을 나가게 된
첫 번째 이유다. 계모가 고작 일곱 살 위이니, 어머니라고 부

<hr />

났다.

5   오상순(1976), 〈고월과 고양이〉, 장백일 편, 《짝 잃은 거위를 곡하노
라》, 범우사, 75~76쪽.

6   이름이 최성여(崔姓女)로, 1887년 1월 17일 경기도 고양군 출생이다.

를 수도 없고 안 부를 수도 없는 묘한 사이이기도 했다. 상순이 계모를 한평생 안 보기로 결심한 것은 개가 시끄럽게 짖는다고 상순이 얻어와 키우던 개를 본인의 허락을 구하지 않고 팔아 버렸기 때문이다. 이 이야기는 나중에 다시 하자.

어의동소학교 맞은편에는 선교사 동네인 '선교의 언덕'이 조성되었고, 여기에 연동교회가 세워졌다. 이 교회에 다니게 된 상순은 경신학교 학생들이 '소아회' 어린이 주일학교와 '부용회' 청소년 교육회에 나옴으로써 경신학교로 진학할 꿈을 키웠을 거라고 짐작할 수 있다.

경신학교 시절에 공부한 내용이 박윤희의 논문에 나온다. 56쪽에서 69쪽까지 장장 14쪽에 걸쳐 경신학교 시절의 수학 내용이 자세히 나오는데, 그중 어느 한 대목만 인용한다.

오상순의 다양하고 광범한 종교편력, 다시 말해 '유교'로 시작하여 '기독교', '불교', 다시 일본 유학 중에 접한 바하이교에 이르기까지 종교에 대한 그의 광범하고 지속적인 관심은 경신학교에서 접한 종교교육과 연동교회에서 거듭 시행된 기독교의식을 통해 체득된 자기성찰과 자기수양의 습관과도 무관하지 않았을 것이다. [7]

경신학교는 애당초 신문화 교육을 통해 신시대를 이끌어 갈 새로운 종교적 인물을 길러내기 위해 개교한 미션스쿨이었다. 한자 학교명 '儆新'에는 발음이 같은 '敬神'이 내포되어 있었다고 볼 수 있다. 기독교 정신 위에서 가족, 사회, 국가, 세계와 하나님께 봉사하는 인격을 닦고 그와 동시에 각자의 능력을 개발하고 적성을 살리고, 나아가서는 목회자 양성에 전력하는 것이 설립 목적이었다. 경신학교에서의 경건하기까지 했던 5년 생활은 오상순이 일본에 유학 가 종교를 학문적으로 연구하고, 귀국 이후 전도사 활동을 하는 데 큰 영향을 미쳤다.

하지만 그런 그가 불교도도 아닌 비승비속非僧非俗의 삶을 영위해 갈 줄이야.

---

7   박윤희, 앞의 논문, 67쪽.

3

7년 동안의 일본 시절

10대 후반과 20대 초중반 7년 세월을 일본에서 보낸 오상순은 신문화를 배우고 신문물을 접하는 시간을 가졌다. 학생으로 학교에 다니며 공부한 것이 전부라고 볼 수도 있겠지만 문화적 충격은 결코 적지 않았으리라. 7년 동안 의식의 일진광풍一陣狂風 혹은 영혼의 질풍노도疾風怒濤를 겪었다고 본다면 아래에 소개하는 시는 자신의 대학시절을 회상해 본 것으로 간주할 수도 있지 않을까.

나는 하나의 티끌이다
이 하나의 티끌 속에
우주를 포장하고
무한한 공간을

끝없이 움직여 달린다.

나는 한 알의 원자이다

이 한 알의 원자 속에

육합六合을 배태하고

영원한 시간을

끊임없이 흐른다.

나는 하나의 티끌 하나의 원자

하나의 티끌 안 알의 원자인 나는

우주와 똑같은 생리와 정혼精魂을

내포한 채

감각을 감각하고

지각을 지각하고

감정을 감정하고

의욕을 의욕하고

우주의 호흡을 호흡하고

우주의 맥박을 맥박하고

우주의 심장을 고동하나니

한 티끌의 심장의 고동의 도수에 따라

일월성신과 지구가 움직여 돌아가고

바다의 조류가 고저高低하고

산맥의 호흡이 신축한다.

오! 그러나 그러나

한 번 감정이 역류하여 노기를 띠고

한데 뭉쳐 터지면

황홀하고 신비한 광채의 무지개 찬란한 속에

우주는 폭발하여 무로 환원하나니

오!

일진一塵의 절대 불가사의한 운명이여!

오!

일진의 절대 신비한 운명이여!

— 〈일진一塵〉 전문

　1953년 《문화세계》 7월호에 발표한, 엄청난 우주적 상상력
으로 쓴 시다. 우리 시단에 이런 시를 쓴 시인은 없었다. 우주
의 기원도 지구의 미래도 인간은 알 수 없으나, 자신이 하나의

티끌에 지나지 않는다는 것만은 확실히 알고 있다. 티끌 하나에 불과하지만 자신의 "절대 불가사의한 운명"을, "절대 신비한 운명"을 개척하는 자는 누구인가? 신인가? 아니다. 바로 자기 자신이다.

오상순 시의 진폭은 이렇게 컸다. 부록 〈밤을 찬미하는 두 시인〉에 전문이 실린 대작 장시 〈아시아의 마지막 밤 풍경〉을 쓴 것이 1922년, 그의 나이 만 28세 때였다. 서사시와 서정시의 중간지점에 놓여 있는 이런 유장한 시를 쓴 시인은 한국 시 문학사 110년을 통틀어 오상순이 유일하다.

어머니가 돌아가신 그해에는 학교를 쉬어 6년 만인 1911년 3월에 경신학교를 졸업한 상순은 곧바로 일본으로 유학의 길을 떠났다.

정공채가 쓴 오상순 평전 《우리 어디서 만나랴》에 따르면 일본 유학을 가고 싶다고 아버지한테 간청하지만 허락을 얻지 못해 친구들과 몰래 간 것으로 되어 있다. 상순의 이복형제인 상선의 말, "형은 YMCA에서 접한 신지식에 열을 올린 나머지, 집안에는 말도 없이 표연히 일본으로 건너갔다"를 인용하고 있다.8 연보에는 "친구 3, 4명과 어울려 일본으로 도망"이

---

8   정공채(1984), 《우리 어디서 만나랴》, 백양출판사, 224쪽.

시인 정공채가 쓴 평전《우리 어디서 만나랴》의 표지

라고 되어 있다. 이를테면 가출 겸 밀항密航을 했다는 것이다.

그런데 박윤희는 여기에 대해 반론을 폈다. 조선인의 일본 유학을 일본 총독부에서 철저히 감시하고 있어서 불법적인 도일渡日은 불가능했을 것으로 보았다. 그리고 일본에 있는 학교에 정식으로 입학하려면 반드시 보증인 두 사람을 내세워야 했기 때문에 오상순이 가족 몰래 일본에 갔다는 기록은 이해하기 어렵다고 했다.

오상순이 도일한 바로 그해에 '조선총독부 유학생 규정'과 '조선유학생 감독에 관한 건'이 발표되어 친구들과 어울려, 그것도 부모 몰래 유학을 갔다고 보기 어렵다는 것이다. 그때 지방장관은 유학 지망자의 학업성적과 품행, 부모의 직업과 재산 상태를 조사해서 총독부에 보고했다고 한다. 유학생은 관비로 유학을 가건, 사비로 유학을 가건, 해당 학교와 학과, 현지의 숙박 여부(자취, 하숙, 기숙사 등), 출발 시기까지 보고해 총독부의 심사를 통과해야 유학을 갈 수 있었다고 하므로 상선의 증언을 믿기 어렵다고 했다. 9

아무튼 중학교를 졸업한 1911년 그해에 상순은 도쿄에 갔다. 만 17세였다. 오상순에 대한 몇몇 자료에는 유학을 처음 간 곳이 도쿄에 있는 아오야마靑山학원 영문과라고 되어 있는데, 박윤희는 여기에 대해서도 반론을 폈다. 일단 처음 가서 공부한 곳은 아오야마학원이 맞지만 영문과가 개설된 것이 1916년이므로 그 학원의 중학부, 고등보통학부, (대학) 예과 중에서 고등보통학부나 예과에 들어가서 공부했을 거라고 짐작했다.

박윤희의 논문에 따르면 비록 1년 미만인 짧은 기간 이곳에 다녔지만 귀국 이후 오상순의 사회 및 문화 활동의 기반이 된 인맥이 도쿄를 중심으로 한 조선 유학생 단체의 구성원과 거의

---

9   박윤희(2008), 〈오상순의 문학과 사상: 1920년대, 동아시아의 知的往還〉, 교토조형예술대학 대학원 박사학위논문, 70쪽.

일치하는 점으로 미루어 보아 도쿄 체류가 지닌 비중은 결코 작지 않다고 보았다.[10]

　아오야마학원은 어쨌거나 대학이 아니라 대학에 들어갈 준비를 하는 학원이었다.　오상순은 일본어와 영어 공부를 1년 동안 한 후에 1912년, 교토京都에 있는 도시샤同志社대학의 종교철학과에 입학했는데 아오야마학원도 도시샤대학도 다 미션스쿨이었다.　미션스쿨인 경신학교 졸업생이고 연동교회를 다니다 왔기 때문에 일본에 있는 미션스쿨에 진학한 것은 당연한 수순이었다고 본다.

　도시샤대학은 일본 내 기독교 계통의 학교 중 처음으로 '대학교' 인가를 받았다.[11] 교육당국이 요구하는 교육시설을 잘 구비하였고 교원도 확보하였기에 가능한 일이었다.　박윤희가 오상순의 학적부를 떼어 봤더니 예과 2년 본과 3년을 다니는 동안 총 25과목을 들었는데 성적도 나와 있었다.　박윤희는 그 당

10　위의 논문, 71쪽.

11　1875년에 니지마 조(新島襄)가 미국인 선교사 제롬 D. 데이비스의 도움을 받아 도시샤영어학교를 세웠다.　1904년에 도시샤전문학교와 도시샤신학교로 분할, 승격하였다.　오상순이 입학한 1912년에 두 대학이 병합, 도시샤대학으로 개칭하였다.　대학령에 의해 '대학교'로 정식 인가가 난 것은 1920년에 가서였다.

시 재직한 교수들을 거론하면서 이 교수의 전공이 무엇이었고 무슨 책을 썼으므로 오상순에게 무엇을 가르쳤을 것이라고 한참 설명하고 있다. 하지만 예측일 뿐이고 확실한 근거는 어디에도 없다. 총 25과목 교과명은 다음과 같다.

- 기독교 관련 과목: 성서, 구약총론, 신약총론, 성서신학, 조직신학, 설교사, 교회사, 전도사, 교리사, 기독교 이론
- 어학 과목: 포르투갈어, 히브리어, 독일어, 영어, 한문
- 기타 과목: 불교사, (일본의) 역사, 철학개론, 철학사, 종교철학, 윤리, 사회학, 심리학, 영문학, 역학, 아동심리학

이 중에서 설교사, 윤리학, 사회학은 만점에 가까운 성적을 받았고, 예과 2년째와 본과 1년째 수강한 독일어 성적도 비교적 우수했다고 한다. 박윤희는 1912년부터 1916년까지의 이 커리큘럼이 본인이 조사한 2008년도의 커리큘럼이랑 큰 차이가 없다면서 오상순이 도시샤대학 재학 5년 동안 아주 체계화된 공부를 했다는데, 지금으로부터 거의 100년도 더 전이 아닌가. 일본의 근대화가 얼마나 빨랐는지, 근대적 교육이 얼마나 철저했는지, 이 커리큘럼이 증명하고 있다고 본다.

그 당시 이 땅의 선각자들은 거의 대다수 일본 유학파들이었

다. 이광수와 최남선, 김동인, 염상섭, 홍명희, 임화, 김기림, 최재서, 백석 등 수많은 문인들 중 상당수가 나중에 친일파로 돌아서게 되는데, 일본에서 학교를 다녔다는 공통점이 있다. 김소월도 도쿄대학 상과를 다닌 유학파였다.

1923년에 오상순은 《동광》 제8호에 시를 한 편 발표했다. 〈허무혼虛無魂의 선언宣言〉이란 장시다. 지금까지는 다들 이 시가 일본 유학 생활을 마치고 귀국한 뒤인 1923년도 작품인 줄 알았는데, 박윤희가 1923년 9월 30일자 〈동아일보〉에서 오상순이 이 시의 창작 시점이 1913년임을 직접 밝혔다는 것을 찾아냈다. 즉, 대학 2학년 때 쓴 이 시를 쭉 갖고 있다가 10년 뒤인 1923년이 되어서야 발표했다는 것이다. 시의 초고를 쓴 것은 1913년인데, 갖고 있으면서 고치다가 1923년이 되어 발표했다는 것은 사실일 것이다. 대학교 2학년 학생이 이렇게 긴 시를 썼다는 것도 특이하지만 시의 공간이 엄청나게 넓고 내용이 여간 웅숭깊지 않다.

물아
쉬임 없이 끝없이 흘러가는
물아
너는 무슨 뜻이 있어

그와 같이 흐르는가

이상스레 나의

애를 태운다

끝 모르는 지경地境으로 나의 혼을

꾀어 간다

나의 사상의 무애無碍와

감정의 자유는

실로 네가 낳아준 선물이다

오 ― 그러나 너는

갑갑다

너무도 갑갑해서 못 견디겠다.

구름아

하늘에 헤매이는

구름아

허공에 떠서 흘러가는

구름아

형형으로 색색으로

나타났다가는 슬어지고

슬어졌다가는 나타나고

슬어지는 것이 너의 미美요 생명이요

멸하는 순간이 너의 향락享樂이다

오 — 나도 너와 같이 죽고 싶다

나는 애타는 가슴을 안고 얼마나 울었던고

슬어져가는 너의 뒤를 따라…

오 — 너는 영원의 방랑자

설움 많은 '배가본드'

천성天性의 거룩한 '데카당'

오 — 나는 얼마나 너를 안고

몸부림치며 울었더냐

오 — 그러나 너는

너무도 외롭고 애닯다

그리고 너무도

반복이 무상타.

흙아

말도 없이 묵묵히 누워 있는

흙아 대지야

너는 순하고 따뜻하고

향기롭고 고요하고 후중厚重하다

가지가지의 물상物相을 낳고

일체를 용납하고

일체를 먹어버린다

소리도 아니 내고 말도 없이…

오 ― 나의 혼은 얼마나

너를 우리 '어머니'라 불렀던가

나의 혼은 살찌고 기름지고

따뜻한 너의 유방에

매어 달리고자

애련哀憐케도 너의 품속에

안기려고 애를 썼던고

어린 애기 모양으로…

그러나 흙아 대지야

이 이단의 혼의 아들을 안아주기에

너는 너무도 갑갑하고 답답하고

감각이 둔하지 아니한가.

바다야

깊고 아득하고 끝없고

위대와 장엄과 유구와

원시성의 상징인

바다야

너는 얼마나

한없는 보이지 아니하는 나라로

나의 혼을 손짓하여 꾀이며

취케 하고 미치게 하였던가

오 — 그러나

너에게도 밑이 있다

밑바닥에 지탱되어 있는

너도 드디어

나의 혼의 벗은 될 수 없다

별아

오 — 미의 극

경이와 장엄의 비궁秘宮

깊은 계시와 신비의 심연인

별의 바다야

오 — 너는 얼마나 깊이

나의 혼을 움직이며 정화하며

상해 메어지려 하는 나의 가슴을

어루만져 주었던가

너는 진실로 나의 연인이다

애와 미와 진 그것이다

그러나

별아 별의 무리야

나는 싫다

항상 변함없는 같은 궤도를 돌아다니며 있는

아무리 많다 하여도 한이 있을 너에게 염증厭症이 났다.

사람아

인간아

너는 과시果是 지상의 꽃이다 별이다

우주의 광영 — 그 자랑이요

생명의 결정 — 그 초점이겠다

그리고 너는 정녕 위대하다

하늘에까지 닿을

'바벨'의 탑을 꿈꾸며 실로 싸우며 있다

절대의 완성과 원만과 행복을 끊임없이 꿈꾸며

쉬임없이 동경하고 추구하는

인자人子들아

너희들은

자연을 정복하고 신들을 암살하였다 한다

정녕 그러하다

오 ― 그러나

준엄峻嚴하고 이대異大한 파멸의 '스핑스'

너를 확착攫捉할 때

너의

검은 땅도

붉은 피도

일체의 역사役事도

끔찍한 자랑도

그 다 무엇인가…

세계의 창조자 된 신아

우주자체 일체 그것인 불佛아

전지와 전능은

너희들의 자만이다

그러나

너희도 '무엇'이란 것이다

적어도 '신神'이요 '불佛'이다

그만큼 너희도 또한

우상이요 독단이요 전제專制다

그러나 오 그러나

일체가 다 소용이 없다

그러므로 나는 참斬하는 것이다

너희들까지도

허무의 검劍 가지고

허무의 칼!

오!

허무의 칼!

불꽃아

오 — 무섭고 거룩한

불꽃아

다 태워라

물도 구름도

흙도 바다도

별도 인간도

신神도 불佛도 또 그밖에

온갖 것을 통틀어

오 — 그리고

우주에 충만하여 넘치라.

바람아

오 — 폭풍아 흑풍黑風아

그 불꽃을

불어 날려라

쓸어 헤치라

몰아 무찔러라

오 — 위대한 폭풍아

세계에 충일한 그 불꽃을

오 — 그리고

한없고 끝없는

허공에 춤추어 미쳐라.

허무야

오 — 허무야

불꽃을 끄고

바람을 죽이라!

그리고 허무야

너는 너 자체를

깨물어 죽여라!

피도 살도

모양도 그림자도 없고 다만 어름 같이 참도 같은

위대하고 장엄하고 무섭고 엄숙한 어둠의 바다 속도 같은 말할

수도 없고 알 수도 없는

그리고 나를 미쳐 뛰게 하며 메여 부띄게하는 너 자신을

깨물어 죽여라!

오…

"허무의 시체!"

"허무의 시체!"

오…나는

나의 두 팔과 가슴의 뼈가 부서지도록 너를 얼싸안고 죽으련다!

— 1913. 4. 20일 아츰 —

— 〈허무혼의 선언〉 전문

오상순은 1920년 《폐허》 창간호에 〈시대고時代苦와 그 희
생〉을, 《개벽》 제 5호에 시 〈의문〉, 〈구름〉, 〈창조〉, 〈어느
친구에게〉, 〈나의 고통〉, 〈생의 철학〉을 발표하면서 등단한

다. 그런데 그보다 훨씬 전인 1913년, 만 19세에 〈허무혼의 선언〉을 썼다는 것인데, 이 시는 그가 조숙한 천재였음을 여실히 증명한다. 일본에서 배운 것, 알게 된 것을 총망라해 쓴 이 시는 상당히 관념적이고 철학적이다. 또한 종교적이다. 하지만 이 시에 나타난 철학과 사상은 기독교적 세계관에서 나온 것이 아니다.

박윤희는 오상순이 니체 사상의 영향을 받았다고 논한 바 있는데, 1911년에 이쿠다 죠코生田長江의 번역으로 《차라투스트라》가, 1913년에 와쓰지 데쓰로和辻哲郎가 쓴 《니체 연구》가 일본에서 발간되어 많은 대학생들이 이 책을 읽고 심취했다고 한다. 오상순도 이런 책을 읽고 감화를 받아서 이 시를 쓰게 되었을 거라고 박윤희는 추측한다.

이 시가 1923년 작이 아니라 1913년 작이라면 1919년 《창조》 창간호에 발표된 최초의 자유시 주요한의 〈불놀이〉보다 무려 6년을 앞선다. 〈허무혼의 선언〉은 최초의 자유시로서 손색이 없기 때문에 우리의 시문학사는 반드시 수정되어야 한다.

시는 기독교 사상보다는 불교 사상에 훨씬 가깝다. 허무를 극복하려는 노력이 아주 끈질기게 전개되고 있고, 신神과 불佛 가운데 불에 더욱 의지하고 있음을 알 수 있다. 신을 믿는 타력적인 기독교 사상보다는 깨우침을 통해 불佛이 되는 자력적인 불교사상에 끌리고 있다는 것을 증명하는 시라고 할 수 있다. 하지만 시의 전반적 내용은 천지창조의 과정을 방불케 한다. 상상력의 진폭이 광대무변한 시, 〈아시아의 마지막 밤 풍경〉(1922)의 서곡 격인 장시 〈허무혼의 선언〉을 19세 청년이 썼다는 것이 믿기지 않는다.

오상순의 도시샤대학 시절에 대해서는 변영로가 1922년에 간행된 《폐허》 제2호에 쓴 글이 있다.

대학 기숙사의 6조(3평) 방, 흩어져 있는 책들 사이에서 깊은 사색과 묵상으로 창백하고 초췌해져 가는 오상순을 보았거나, 아니면 야와나 카페에서 입가에 거품을 튀기고 큼직한 주먹을 흔들어 가며 감격에 떨리는 어조로 장래의 이상을 열변하는 오상순의 모습을 본 적이 있는 사람이라면, 그에 대해 책임감이 없다든가 주의와 의지가 약하다는 식의 말은 하지 못한다. … 그는 세상에서 말하는 이른바 '주의'라는 것에는 박약할지 모르나, 그 대신 '보다 높은 주의'와 '보다 넓은 주의'가 확고해서 세상에서 말하는 '책임감'을 무시함과 동시에 크고 유원한 신비적 책임감을 가슴 깊이 느끼는 것이다.

오상순이 공허한 이상론을 설파하는 공상주의자가 아니라

현실에 대한 책임감, 즉 명석한 판단력과 냉철한 분석력을 갖고 있는 현실주의자였음을 주장하는 글이다.

아버지가 돈을 보내 주기는 했겠지만 학비 정도였을 것이다. 어떤 식으로 용돈을 마련했는지는 모르겠지만 오상순은 5년 만인 1917년 3월에 무사히 졸업했다. 박윤희는 논문에서 많은 일본인 학자의 이름을 거론하면서 이 사람은 이런 사상을 갖고 있었고 이런 책을 썼으니까 상순이 이런 가르침을 받았을 거라고 설명하지만, 중요한 것은 그 당시 이 대학에 재직한 일본인 스승의 면면이 아니다.

오상순이 터를 닦아놓은 이 대학을 훗날 정지용과 윤동주가 다닌다. 정지용은 영문학과를 졸업하고 윤동주도 영문학과에서 수학하는데(재학 중 투옥되어 삶을 감옥에서 마친다), 우리 시문학사에서 빼놓을 수 없는 세 시인이 모두 일본의 한 사립대학인 도시샤대학 출신이라는 것이 이채롭다.

아무튼 오상순의 졸업연도인 1917년 도시샤대학의 졸업생 명부를 찾아보면 졸업생은 단 7명이었다. 그중에 조선인 유학생은 오상순 1명이었다. 먼 훗날 구상 시인이 일본의 니혼日本 대학 전문부 종교학과를 졸업하는데, 오상순의 영향 때문이었을 거라고 짐작할 수 있다.

4

중국에 세 번 가다

오상순은 중국에 세 번 간다. 일본에서 귀국한 지 얼마 안 된 1918년에 처음 갔다 왔다. 이때는 얼마 안 있다 귀국했지만 1923년 연말에 갔을 때는 간도의 한인 학교에서 한 학기 강의도 했다. 1930년경에 갔을 때는 명승지를 두루 구경하고 왔다.

시 〈방랑의 북경〉의 발표지면은 1935년 1월 1일자로 나온 《삼천리》제 7권 제 1호이다. 하지만 창작을 한 시점은 오상순이 처음으로 베이징을 밟은 1918년이었다.

고향에서 영원히 여읜 벗을 꿈에 보고

잘도 북경까지 따라와 주었다고

희미하게 느끼면서 잠 깨운 오늘 아침

말하기 어려운 비애에 잠겨—

같은 여역旅域에 고苦와 락樂을 한 가지 하던

'봄' 못하는 벗을 멀리 그의 나라로 보내버리고

그의 벗어두고 간 곰 같은 검은 장혁長革 바라 볼 적마다

그대 지팡이를 끌고 지금쯤은 어느 곳을 방황할까

생각하는 마음의 괴로움이여!

달려가는 수레 뒤로

손 버리고 쫓아오던

일고여덟(살)의 헐벗은 중국 사람의 딸

동전 한푼을 던져주었더니

또 다른 것을 바라고

거의 오리五里나 되는 길에 '쿠리'와 다투어

불같이 내리쪼이는 태양 밑에

따라오던 소녀—

발견하던 순간의 나의 마음 메어지는 듯하였다.

사람이 끄는 차 위에 높이 앉아

고갯짓하며 오는 비단에 에워싸인 신사 보고 그 앞에

엎드려 두 손으로 땅을 짚고

이마로 땅을 찧고 또 찧어 피 흘려내던

열 살 전후의 중국 사람의 아들—

신사는 보고도 못 들은 듯이 아모 감각의 표정도 없게

지나가고 말았다.

한 손으로

가슴에 안기어 젖 빠는 갓난아기 부둥켜안고

다른 손을 높이 들어 벌리고

마차 뒤로 달려가는 발 좁힌 중국 사람의 아내—

온 밑천이던 양은洋銀 일원一圜을 비역질 하는

노파에게 주어놓고

무일분無一分의 나를 돌아보아

쪽에 두었으면 하는 가상유혹이 일어나라 할 제

나는 감옥 같은 담들이 우거진

컴컴한 좁은 골목길 몸을 감춘다.

누가 나의 마음속을 들여다보는 듯해서.

발이 빠지는 먼지 쌓인

네거리 한복판에

네 발을 되는 대로 뻗어 버리고

낮잠 자는 중국 개 볼 때마다 울고 싶다.

수레가 그 앞으로 스치고 지나가나

자동차가 소리를 지르며 몰아오나

'나 모른다'는 듯한 그 꼴은

가장 위대한 듯도 하다.

나는 동시에 중국 고력苦力을 연상한다.

그리고 또 중국사람 전체를 연상한다.

－1918년 북경서－

　　　　　　　　　　　　　　　－〈방랑의 북경〉 전문

　현대식 표기법으로 바꾸었다. 베이징은 국제적인 대도시이
기도 했지만 그 당시 중국은 빈부격차도 심했고 전근대와 근대
가, 전통의 유습과 서양의 문물이 뒤섞인 대단히 혼란스런 공
간이었다. 외국인들도 많이 살고 상업이 발달한 역동적인 공
간이기도 했다. 그런데 이 베이징에서 만난 이가 바로 일본 유
학시절에 사귄 예로셴코1였다. "지팡이를 끌고" 가던 "'봄春' 못

1　예로셴코(Vasilli Yakovlevich Eroshenko, 1889~?) : 우크라이나 태생의
　　언어학자. 네 살 때 실명하였고 열여섯 살 때부터 에스페란토를 배웠다.
　　1909년부터 영국 런던에서 공부하였고 1914년에 일본에 가서 에스페란
　　토를 보급하였다. 그는 맹인이었음에도 불구하고 1916년 7월부터 1919
　　년 7월까지 하얼빈, 블라디보스토크, 상하이, 베이징, 모스크바, 태국,

하는 벗"은 바로 예로센코다. 그를 만나러 멀고 먼 베이징까지 왔던 것이다.

그 무렵 베이징 시내를 돌아다니면서 보고 듣고 느낀 것들을 갖고 쓴 시가 바로 〈방랑의 북경〉이다. 중국의 소년과 소녀가 겪고 있는 비극적 현실이 그에게 깊은 인상을 주었기에 그것을 소재로 쓴 시이다. 친구 따라 강남 간다고 간 베이징이었지만 오상순은 사실 마음이 답답했다. 왜 느닷없이 베이징까지 가게 되었는지, 그때의 상황을 더듬어 보기로 하자.

일본인 친구들과 우정을 더 쌓으며, 유학생 후배들과 어울리며 1년 더 일본에 머문 오상순은 1918년, 귀국선을 탔다. 귀국하는 배에 실은 몇 개의 고리짝에는 일본책과 양서洋書가 잔뜩 들어 있었다. 이 고리짝들을 짐차에 싣고 찾아간 곳은 하왕십리동 749번지, 이사를 간 본가였다. 1921년에 태어난 이복 동생 오상선의 출생신고가 경기도 이천군 창전리 255번지로 되어 있는 것을 보면 경기도에서 살다가 다시금 서울로 이사를 간 것을 알 수 있다.

미얀마, 인도 등을 두루 여행하였다. 1921년 일본 정부로부터 아나키스트로 지목되어 국외 추방 명령이 내려졌고 이후 《일본 추방기》를 썼다. 1918년 중국 베이징에 체류할 때 오상순을 다시 만났다. 시에서 "'봄' 못하는 벗"이 바로 예로센코다.

아버지에게 귀국할 참이라고 편지를 올리자 답장이 왔고, 그 편지에 적힌 주소로 갔더니 처음 보는 여인이 있었다. 계모였다.

한동안 본가에서 지내는데 계모와의 사이에 불화가 일어났다. 앞에서도 잠시 언급했지만 본가에서 뛰쳐나오는 결정적이유가 있었다. 그렇지 않아도 집안에 흐르는 냉기류 때문에 상순은 마음이 쓸쓸하여 강아지를 한 마리 얻어 와서 키우게되었다. 이 강아지는 상순과 유독 친하여 상순이 귀가하면 옆에서 떨어지지를 않았다. 상순은 강아지의 이름을 '동지'라고불렀다. 너나 나나 외로운 처지이니 마음의 동지同志라고 생각했던 모양이다.

동지는 외부에서 손님이 오면 잡아먹을 듯이 난리를 쳤다. 그 정도가 심했는지 계모는 이 개를 몹시 미워하게 되었다. 머리 굵은 의붓아들이 미우니까 그가 애지중지하는 개까지 미워하게 된 것이라고 할까.

복날을 앞두고 개장수가 돌아다니며 개를 산다니까 계모는 개장수를 불러 돈 몇 푼을 받고 동지를 팔아 버렸다. 상순이 어느 날 출타했다가 돌아왔더니 동지가 안 보이는 것이었다. 하인에게 물어보았다.

"주인아주머니께서 개장수에게 팔았습니다."

상순이 안방에 가서 따져 물었다.

"돈 몇 푼에 제가 아끼는 개를 팔다니요?"

"돈이 필요해서가 아니네. 그 개는 어찌된 것이 밤낮으로 심하게 짖어대 아버님이 잠을 못 이루겠다고 해서 그만…. 손님이 오면 갈 때까지 짖어대니 사람이 어떻게 견딜 수가 있나."

상순은 사흘 동안 밥을 먹지 않더니 짐을 쌌다. 일단 상순은 양사골(지금의 종로5가)에 있는 외갓집으로 거처를 옮겼다. 그런데 외갓집에서도 그는 군식구였으므로 오래 있을 수는 없었다. 홀연히 가방 하나를 들고 중국으로 여행을 떠났다. 일본에서 사귄 친구 예로셴코가 중국 베이징에서 편지를 보내 왔기 때문이었다. 그 편지를 받고 오상순은 국경을 넘어 베이징으로 갔다. 바람을 쐬러, 친구를 만나러, 그리고 세상 구경을 하러. 〈아시아의 마지막 밤 풍경〉같은 대작이 탄생하는 배경에는 이와 같은 시인의 방랑벽이 밑거름되었다. 상순이 에스페란토를 배운 것이 바로 일본 유학시절, 예로셴코로부터였다. 그 당시 아나키스트들의 공용어가 에스페란토였다.

7년 동안 일본 유학을 마치고 1918년에 귀국한 식민지 조국은 정신적으로 공황상태였다. 오죽했으면 그 다음해에 3·1운동이 일어났을까. 일본의 비교적 자유로운 환경에서 청춘을 마음껏 구가하며 지낸 오상순은 칙칙한 집안 분위기와 경찰의 집

1922년 5월, 베이징에서 열린 에스페란토 집회. 왼쪽에서 두 번째가 오상순, 그 오른쪽이 저우쭤런, 한 사람 건너 예로센코, 그 옆이 루쉰

요한 조사에 염증을 느끼고 있던 차 예로센코가 중국 베이징에서 보낸 편지를 한 통 받고는 바로 여비를 마련해 열차를 탔다.

일본에서 친하게 지낸 인물들 가운데 아나키스트들이 있었다. 예로센코를 비롯하여 그들과 친하게 지내면서 에스페란토도 배웠던 것인데, 그런 이유로 상순은 귀국 이전부터 요시찰 인물로 낙인이 찍혀 있었다. 조선총독부가 정한 '조선총독부 유학생 규정'에 따르면 특별고등경찰2 소속 형사가 일본에 유학 중인 학생뿐 아니라 귀국한 학생의 일상까지도 일일이 감시해 총독부에 보고해야 했던 시대였다. 오상순은 이른바 불령선인不逞鮮人이었다. 경찰서에 끌려가 조사까지 받았다.

---

2 흔히 특고(特高) 경찰이라고 부른다. 사상범을 다루는 경찰이다.

"왜 졸업하고 곧바로 귀국하지 않고 한 해 더 있다가 왔소?"

"일본에서 교류한 인물 중에 아키타 우자쿠秋田雨雀라는 자가 있는 걸로 아오. 그에 대해 말해 보시오."

"야나기 무네요시柳宗悅와는 어떤 관계요?"

"에스페란토 공부는 어떻게 하게 되었소?"

"우크라이나인 예로센코와는 어떤 사이요?"

대학을 졸업하고 왔다고 형사가 존대어로 말하긴 했지만, 죄인을 취조하는 분위기였다.

중국 여행을 마치고 돌아오자 또다시 취조 같은 조사를 하는 것이었다.

"이번에 중국에는 왜 갔다 온 거요?"

"중국의 아나키스트들과 접촉이 있었던 것을 다 아오. 무슨 모의를 하고 왔소?"

오상순이 중국에 몇 달 가 있는 동안 아버지가 형사들에게 시달리기도 했다.

"아들이 중국에는 무슨 일 때문에 간다던가?"

"왜 유학을 마치고 돌아와 취직하지 않고 빈둥거리는가?"

"앞으로 뭘 하고 싶다던가?"

상순이 강아지 동지의 죽음 이후 계모와 사이가 멀어지자 아버지와도 서먹서먹한 사이가 되었다. 아버지는 상순이 일본에 공부하러 가서 종교철학과 졸업장을 들고 온 것도 못마땅한데, 집에서 빈둥거리거나 친구들과 어울려 술이나 마시다 돌아오니 정신 좀 차리라고 여러 번 역정을 냈다. 게다가 상순이 중국에 가 있을 때면 형사가 찾아와 아들에 대해 이렇게 꼬치꼬치 물어대니 상순이 못마땅할 수밖에 없었다.

오상순이 일본에서 가져온 책 중에는 사회주의나 아나키즘 관련 책들이 꽤 있었다. 그런 불온사상이 담긴 책을 집에 두면 화를 입을 거라는 생각에 오태연 씨는 책을 몽땅 태워 버리는데, 이 또한 상순이 집을 떠난 이유 중 하나이다.

하지만 아버지에 대해서는 증오심을 갖지 않았고, 평생 연민의 정을 느끼며 살아갔다. 이복동생 상춘은 "그 무렵 아버지가 방 하나 가득한 형의 책들을 모조리 태워 버렸다"고 회고하였다. 아마도 아들이 중국에서 돌아오면 이 책들 때문에 더욱더 곤욕을 치를 것이라 생각해 조사 내지는 취조의 빌미를 주지 않으려는 뜻에서 태웠을 것이다. 귀국 후 애지중지하던 책들이 몽땅 사라진 것을 보고 상순은 부모의 슬하를 떠나야겠다고 단단히 결심했다.

1923년 오상순이 보성고보 영어교사가 되었는데 이때까지도 일본은 오상순에 대한 감시의 고삐를 늦추지 않았다. 그래서 교사 생활을 그만두고선 중국 간도에 몇 달 가 있었다. 즉,

두 번째 중국 체류였다. 간도 소재 '동양학원'의 강사로 초빙되어 서양철학사와 철학개론을 강의했다. 오상순은 석 달 만에 이 일을 그만두었는데, 그 사정은 뒤에서 설명하도록 하겠다.

한 학기를 다 못 채우고 간도에서 베이징으로 갔다. 오상순은 베이징에 머물면서 '신촌新村', '이상촌理想村', '새로운 마을新 しき村' 운동에 관여했다. 여기에 대해서는 박윤희가 쓴 부록의 글을 참고하기 바란다.

기간이 그리 길지도 않았는데 특고特高경찰이 작성한 보고서 〈불령단 관계 잡건─조선인 과격파〉의 명부를 보면 그들은 오상순의 중국에서의 동선을 파악하고 있었다. 누구를 만났다는 내용까지 상세히 기록되어 있었다.

외갓집을 나온 이후부터 죽을 때까지 상순은 나그네로 살아간다. 1940년대에 한동안 대구에서 어느 여인과 살았던 것을 제외하고는. 이 이야기는 나중에 하자. 오상순이 그 후에 서울의 생가를 다시 찾아간 일은 아버지의 장례식(1946년 12월 26일 사망) 때뿐이었다고 한다. 결국 오상순에게 '집'이란 장충동의 생가가 전부였다.3 가출 이후 아버지를 길 가다 우연히 만

---

3 이런 내용도 박윤희의 논문에 일부 나온다. 박윤희(2008), 〈오상순의 문학과 사상: 1920년대, 동아시아의 知的往還〉, 교토조형예술대학 대학

난 날의 정황이 변영로의 수필 〈시인 공초 오상순을 말함〉에 나온다.

어느 날 공초를 만나자 그는 창경원으로 산보를 가자 하니 나는 쾌히 승낙하고 창경원으로 가서 동물원, 식물원으로 두루두루 돌던 판에 공초는 돌연히 '윽' 소리를 치며 "저편에서 우리 아버지가 오신다"고 하더니 빠른 걸음으로 뛰어가서 자기 부친의 목을 껴안고 뺨을 대고 흐느껴 우는 것이었다. 갈수록 모를 일이다.

아버지를 오랜만에 우연히 만나 목을 껴안고 뺨을 대고 흐느껴 운 것은 아버지를 평소에 그리워하고 있었다는 뜻이다. 아마도 이날의 우연한 만남이 부자간 마지막 만남이었을 것이다.

원 박사학위논문, 41쪽.

5

《폐허》 동인이 되다

다시 과거로 돌아가자. 1919년은 3·1만세운동이 일어난 해이다. 이 해에 만 25세가 된 상순은 정동교회貞洞敎會의 전도사가 됐다. 귀국 이후 잡은 첫 직장이 교회의 전도사였으니 조금은 특이한 이력을 갖게 된 것이다.

3·1만세운동 때 거의 7천 명이 '대한독립만세!'를 외쳐 부르다 죽었다. 일본은 지금까지와 같은 강압통치로는 조선인의 거국적인 반발을 감당할 수 없겠다고 생각하여 '문화정책'을 펴기로 했다. 그해 8월에 헌병경찰제를 폐지하였고, 새로 부임한 제3대 총독 사이코 마코토齋藤實는 그해 9월에 문화정책을 실시하겠다고 천명하였다. 이때 비로소 언론·출판의 자유를 얻은 지식인들은 신문사도 창간하고 동인지도 발간하게 됐다.

1920년, 오상순은 친구들과 《폐허廢墟》 동인을 결성하고는

《폐허》 창간호에 〈시대고時代苦와 그 희생犧牲〉이라는 논설을 발표했다. 오상순과 《폐허》 동인과의 관계는 대단히 중요하므로 김병익이 쓴 《한국 문단사》의 〈〈폐허〉파의 등장〉에서 중요한 내용을 가져와 본다.

〈폐허〉파가 형성되기 시작한 것은 1919년 말부터. 독립에의 부푼 꿈이 사라지고 좌절과 공허 속에 헤매던 일단의 식민지 지식인들은 지금의 적선동 골목 김만수의 집에 매일 몰려들었다. 염상섭이 태어나기 이전의 염씨 본가이기도 했던 이 집에서 젊은이들은 민족의 운명으로부터 동서 사상의 흐름, 서구문학과 한국문학에 대한 토론이 폭음을 반주로 열띠게 벌어졌다.

"그러면서 그들은 허탈과 공허에 사로잡힌 현실 속에서 무언가 새로운 것을 개척, 건설하려는 의욕이 싹트기 시작했다"고 창간 동인이며 사학자인 두계斗溪 이병도 박사가 당시의 정황을 회상한다.

철학을 전공한 김만수와 이미 비평가로 일가를 이룬 횡보 염상섭, 인기 있는 교회 전도사인 공초 오상순을 중심으로 외국시를 발표하고 자유시를 발표해 온 안서 김억, 상아탑 황석우, 후에 〈조선일보〉 사장이 된 아버지 남궁훈과 싸우고 뛰쳐나온 남궁벽, 어릴 때부터 호주豪酒로 유명하며 17세에 영시 〈코스모스〉를 발표한 조숙한 수주 변영로, 습작 내지 번안소설을 발표하던 이익상, 민태완, 그리고 역사를 전공하는 이병도가 중요 멤버들이었다.[1]

11명 거의 대다수 일본 유학파였다. 《폐허》의 창간동인이기도 하며 사학자인 이병도는 "그들은 허탈과 공허에 사로잡힌 현실 속에서 무언가 새로운 것을 개척, 건설하려는 의욕이 싹트기 시작했다"고 당시의 상황을 설명하였다. 일군의 사나이들이 적선동에 있는 김만수의 집에 계속 머물 수는 없어서 광화문 근처에 싼 방을 구해 모임을 가졌다. 이들 동인은 한국 최초로 시 낭독회를 열기도 했다.

1920년 2월, 종로 YMCA에서 이병도의 사회로 이들 동인 11명은 시詩나 짧은 글을 낭독하였다. 3·1운동 이후 1년 만에 열린 행사였다. 다들 울분과 비탄과 절망의 시편詩篇을 읽으면 듣는 이들 쪽에서 박수가 터져 나왔다. 낮술을 마신 황석우는 덜덜 떨면서 자작시를 읽어 청중이 폭소를 터뜨리기도 했다.

이로부터 5개월 뒤인 7월 하순에 《폐허》 동인지 제1집이

---

1 김병익(1973), 《한국 문단사》, 일지사, 150쪽.

광익서관에서 나왔다. 반년 뒤에 제2호가 나왔다. 3년이 지난 뒤 1924년에 《폐허이후》가 나오고 그것으로 종간해 단명한 동인지가 되고 말았다. 동인 중 재력이 있는 물주가 없는 것도 문제였고, 자신의 일을 내팽개치고 동인지 발간에 전력하는 이가 없었다는 것도 단명의 이유였다.

하지만 창간호 권두에 실린 오상순의 〈시대고와 그 희생〉이라는 논설 한 편은 1920년대 이 땅의 모든 지식인의 심정을 대변한 명문이었다. 불과 스물일곱 살밖에 안 된 오상순이 조선의 모든 지식인을 대표하여 일대 선언을 했던 것이다. 오상순은 시 발표에 앞서 이 글로써 한국 문단 한복판에 당당히 이름을 내걸게 되었던 것이다.

우리 조선은 황량한 폐허의 조선이요, 우리 시대는 비통한 번민의 시대이다. … 이 폐허 속에는 우리들의 내적, 외적, 심적, 물적의 모든 부족, 결핍, 결함, 공허, 불평, 불만, 울분, 한숨, 걱정, 근심, 슬픔, 아픔, 눈물, 멸망과 사死의 제악諸惡이 쌔여 있다. 이 폐허 위에 설 때에, 암흑과 사망은 그 흉악한 입을 크게 벌리고 곧 우리를 삼켜버릴 듯한 감이 있다. 과시果是, 폐허는 멸망과 죽음이 지배하는 것 같다.

《폐허》 창간호 표지

　그 당시 지식인 사회에 짙게 드리운 절망감을 이보다 더 적절히 표현할 수 있을까. 3·1운동이 실패로 끝난 이후 이 땅의 지식인들 사이에 널리 유포된 감정은 좌절감과 절망감이었다. 이제 우리는 영원히 일본의 식민지에서 벗어날 수 없구나, 대대로 일본의 노예로 살아가게 되었구나 하고 비통해 했는데 이 글은 그 마음을 너무나 잘 나타내고 있다.

　신문 사설의 다섯 배는 족히 되는 엄청나게 긴 논설문은 부르짖음에서 끝나지 않는다. 그럼에도 불구하고 희망은 잃지 말자는 것이 주제다. 우리를 구해 이끌고 갈 초인超人이 나타날 것이라는 예언은 훗날 이육사가 시 〈광야〉에서도 하게 된다.

오랜만에 모인 《폐허》 동인. 왼쪽부터 염상섭, 오상순, 박종화, 변영로.

〈시대고와 그 희생〉은 이렇게 끝난다.

이 시대의 오뇌懊惱는 언제까지던지, 이대로 울굴鬱屈해 있을 것
은 아니다. 그는 반드시 가까운 장래에 격렬한 변동을 일으키고
말 것이다. 그 변화는 폭풍우일는지, 대홍수일는지, 또는 무엇
일는지는, 우리가 예언할 바는 아니다. 그는 아무것이라도 관계
치 않는다. 그러나, 어떻든지 대변화가 올 것은 확실하다. 그는
영원한 생명의 활동을 자유로, 분방적으로 현현顯現하려 하는 시
대의 ○○는 방금 그 고조에 달해 있는 고로. 그리고 생명은 최후
의 승리와 개가凱歌로서 더욱더욱 돌진할 것이다.

아 — 이 시대의 대변동에 제際하여 하사何事가 심판될까. 하인
何人이 영원히 축복을 받으며, 하인이 영원히 저주될까. 누가 가

장 행복하며, 누가 가장 화禍로울까? 우주의 심판자가 진리와 비진리를 처결할 제.

우리는 이러한 상상을 그만두자. 우리는 다만 용기를 가지고 나아갈 뿐이다. 최후까지 강한 신앙을 가지고 있으면 족하다. 영원한 생명과 축복은 그가 온 데 있을 것이다.

그때 비로소 황량한 우리 폐허에는, 다시 봄이 오고 어린 생명수에는 꽃이 피겠다. 그때 그곳의 주인은 누구일까?

이 험난한 시대에 처하여 어느 형식으로나 진정으로 가장 애많이 쓰고, 눈물과 피로써 일체一切와 가까워 온 사람, 특히 남모르는 중심묵리中沈默裡에 새로운 시대 창조를 위하여, 가장 희생을 많이 한 그 사람들일 것이다.

지금 이 시대가 암담하기 짝이 없지만 우리 젊은이들은 우울해 하지 말자, 무릎을 꿇지 말자고 한다. 이 황량한 폐허에 다시 봄이 오면 어린 나무들이 꽃을 피워낼 것이니 그때 우리가 주인이 되면 된다, 그 새로운 시대를 창조하기 위해 우리가 지금 초인처럼 희생을 아끼지 않으면 안 된다고 외치면서 글을 끝낸다. 비록 동인지의 제호는 '폐허'지만 폐허에서 살아가겠다는 것이 아니라 그 폐허를 딛고 일어서겠다는 각오와 다짐이 담긴 글이다.

유학을 마치고 돌아온 다음 다음해, 불과 스물일곱 살의 젊은이였던 오상순이 희대의 명문을 남겼던 것이다.

6

전도사에서 불교학원 강사로

1920년대는 오상순의 생애에서 인생 편력이 가장 많은 시기라고 할 수 있다. 방랑 3천 리가 아니라 방랑 3만 리라고 해야 할 것이다. 1923년, 《동명》 제8호에 시 〈허무혼의 선언〉과 함께 실은 〈방랑의 마음⑴〉을 보자.

흐름 위에
보금자리 친
오 ― 흐름 위에
보금자리 친
나의 혼…

바다 없는 곳에서

바다를 연모하는 나머지에

눈을 감고 마음속에

가만히 앉아서 때를 잃고⋯

옛 성 위에 발돋움하고

들 너머 산 너머 뵈는 듯 마는 듯

어릿거리는 바다를 바라보다

해 지는 줄도 모르고 ─

바다를 마음에 불러일으켜

가만히 응시하고 있으면

깊은 바닷소리

나의 피의 조류를 통하여 우도다.

망망한 푸른 해원海原 ─

마음눈에 펴서 열리는 때에

안개 같은 바다와 향기

코에 서리도다.

─ 〈방랑의 마음(1)〉 전문

생각해 보니 어머니의 사망 이후 지금까지 계속 방랑했던 것이다. 일찍이 열일곱 나이에 공부를 하겠다고 현해탄을 넘어 일본에 갔었다. 일본의 고도古都 도쿄와 교토에서 공부했지만, 갈 때도 올 때도 항구도시 시모노세키 구경을 했을 것이다. 식민지 종주국에 공부하러 온 피식민지민 젊은이의 고뇌를 십분 살린 이 시는 "깊은 바닷소리/ 나의 피의 조류를 통하여 우도다"라는 절정에 이른다.

1920년 5월 4일에 '조선음악회'가 서울에서 열린다. 한국 문화에 깊은 관심을 뒀던 일본의 학자 야나기 무네요시柳宗悅는 오상순과 일본에서 안면이 있었다. 그래서 오상순이 〈동아일보〉에서 이 음악회를 주관할 수 있도록 가교 역할을 했다. 무네요시의 아내 야나기 가네코柳兼子는 독일에 가서 공부하고 온 성악가였다. 더구나 가네코는 일본에 유학 온 시인 남궁벽과 절친한 사이였다. 그래서 일본에서 온 음악인들이 《폐허》 동인의 도움을 받아 국내 최초의 서양음악회를 열게 되었던 것이다. 장소는 종로의 기독교 청년회관이었다. 피아노 독주도 있었고 피아노 반주에 맞추어 부르는 오페라 아리아가 여러 곡 울려 퍼졌다.

1921년, 만 27세가 된 오상순에게 큰 변화가 생긴다. 정동교회의 전도사 일은 이상하게도 영 매력이 없었다. 한번은 이

야나기 무네요시 부부

1920년 5월 13일 조선음악회를 마치고 경성 태화정에서 열린 축하연. 앞쪽 왼쪽부터 이병조, 오영선. 뒷줄 왼쪽부터 김일선, 송언용, 백상규, 오상순, 야나기 무네요시, 민용호, 이동원, 김필수, 윤치호, 신흥우, 김우영, 구류옥.

런 일이 있었다. 변영로가 어느 날 길을 가다가 조그만 교회 문 앞에 전도사 오상순이 특별설교를 한다는 광고지가 붙어 있는 것을 보고 들어가 보았다고 한다. 한창 설교하던 오상순과 변영로의 눈이 마주쳤다. 설교를 서둘러 끝내더니 얼른 변영로를 밖으로 데리고 나온 상순은 대뜸 "목이 말라서 혼났네. 우리 어디 가서 독주毒酒를 마십시다"고 말했다고 한다. 이 이야기는 변영로의 수필 〈공초와의 소광이태騷狂二態〉에 나오므로 사실일 것이다. 중국집에 가서 뻗을 정도로 배갈을 마신 상순이었으니, 교인들을 위해서도 전도사를 잘 그만두었다고 본다.

조선중앙불교학교(동국대 전신)에서 교사초빙 의뢰가 들어오자 별 망설임 없이 직업을 바꿨다. 기독교에서 불교로 종교를 바꿨다고 보기는 어렵고, 전도사가 온전한 직업이 될 수는 없다는 생각에 월급쟁이인 교사가 되기로 한 것으로 보아야 한다. 그는 평생 어느 종교에 집착하지 않는 범신론汎神論적 사상을 갖고 있었다고 본다. 전도사가 그러면 안 되므로 그 자리를 내려놓은 것이다.

이 해에 황석우가 최초의 시 동인지인 《장미촌薔薇村》을 만드는 일에 골몰하자 그를 도와주기도 했다. 1921년 5월 24일자로 창간되었는데, 창간호가 종간호가 되고 말았다.

오상순은 1921년 8월에 일본에서 조선으로 온 바하이교의

최초의 시 동인지 《장미촌》 표지

전도사인 미국인 아그네스 알렉산더Agnes Alexander를 물심양면
으로 도와주었다. 역시 일본 유학시절에 알게 된 알렉산더가
오상순을 찾아와서 도움을 요청했기 때문이었다. 이 종교에
대해 잠시 언급한다.

바하이교는 특이한 종교다. 교인들은 이란인 바하 울라라는
사람이 예수, 마호메트, 조로아스터, 석가모니 등을 포함한
과거와 미래의 일련의 현신顯神 가운데 가장 최근의 신이라고
믿는다. 또한 바하 울라의 글들이 신에게서 영감을 받아 씌었
으며 신의 계시라고 믿는다. 바하 울라의 특별한 사명은 분열
된 종교를 통일하여 전 인류의 종교를 만드는 것이다. 또한 인

류의 단일성을 믿어 인종적·계급적·종교적 편견을 철폐하려고 노력한다는 점에서 한국의 통일교와 비슷한 구석이 있다.

9월 9일에는 오상순을 비롯한 15명이 YMCA 식당에서 열린 축제에 알렉산더의 초청을 받기도 했다. 그녀는 1914년에 일본에 왔고 때때로 하와이에 있는 자기 집으로 가서 어느 정도 시간이 지난 후 다시 일본으로 돌아오곤 했다. 그녀는 일본에서 포교를 헌신적으로 하면서 30년 이상을 그곳에서 살았다.

대중을 상대로 한 공개 집회는 그 이전인 1921년 9월 2일 천도교 수운회관에서 개최되었다. 알렉산더는 청중의 수에 매우 놀랐는데, 대략 900명의 청중이 돗자리를 깐 바닥에 책상다리를 한 채 앉아서 열심히 경청하였다. 알렉산더의 회고담에는 남자만 잔뜩 앉아 있어서 놀랐다는 대목이 나온다.

알렉산더는 일본에서 만난 오상순이 최초의 조선인 신자가 되기를 바랐지만, 상순은 그녀의 권유에 응하지 않았다. 조선에서도 모임을 주선했을 뿐, 교인으로는 등록하지 않았다. 바하이교가 한국에 뿌리를 내린 때는 1953년 휴전협정이 조인된 이후부터였다. 지금 한국에 약 2만 명의 신도가 있는 중동산 종교다. 아무튼 오상순이 젊은 나이였음에도 불구하고 상당히 활발하게 국제적인 교류를 하고 있었다고 볼 수 있다. 그래서 〈아시아의 마지막 밤 풍경〉이나 〈아시아의 여명〉 같은 시를

1921년 9월 9일, 바하이교의 알렉산더 초청 모임. 왼쪽 제일 안쪽이 아그네스 알렉산더, 그 옆이 오상순.

쓸 수 있었던 것이다.

1923년에 고려대의 전신인 보성고보普成高普의 영어교사가 된다. 교직을 천직으로는 생각하지 않았기에, 그는 문우들과 더불어 문학을 논하고 술을 먹는 일에 더 열중했다. 1949년 9월호 《신천지》에 변영로가 발표한 〈백주에 소를 타고〉란 수필을 보면 변영로와 염상섭, 오상순, 이관구 네 사람이 술에 취해 발가벗고 소를 타고 시내에 진출하는 이야기가 나오는데, 상상이 가미되었다고 할지라도 그때가 〈동아일보〉 창간 초기이므로 1920년대의 문단 풍경을 어느 정도 짐작할 수 있다.

1923년에 오상순은 북간도에 있는 동양학원 강습회의 초청을 받는다. 오상순은 철학언론과 서양철학사를 맡았다. 동양학원은 연길현 용정진에 있는 대성중학교의 부설 교육기관이다. 이때만 하더라도 공산주의의 정체를 국내에서는 잘 모르고 있었는데 동양학원은 공산주의 사상 전파를 목표로 설립되었다. 교육의 기본 내용이 마르크스주의와 사회주의 이론이었다. 당연히, 일본은 동양학원에 대해 신경을 곤두세우고 초청된 강사들의 뒷조사를 철저히 하였다.

동양학원은 1923년 3월에 설립되었는데 개교 5개월 만인 8월에 폐교되었다. 일본 영사관에서는 동양학원을 불온단체로 규정하여 '동양학원 폭탄매설사건'을 날조하였다. 학교 운동장에 8월 25일 밤 폭탄을 묻어 놓고는 그 다음날 독립운동가들에게 줄 폭탄을 학교가 숨기고 있다는 사실을 발견했다면서 50명을 검거하였다. 경제원론과 경제발달사를 가르친 교장 방한민은 서울 서대문형무소로 압송되었는데 징역 10년을 구형받았다. 학교 관계자 김정기도 서울로 압송되어 형을 살았고, 김사국과 이명희는 소련 연해주로 망명하였다. 영사관은 오상순에게는 별다른 공산주의 사상 혐의점을 찾아내지 못하고 훈방 조치하였다. 상순은 급히 서울로 돌아왔다.

당시 〈동아일보〉는 1923년 5월 14일부터 12월 21일까지 총 9회에 걸쳐 이 사건을 보도하였다. 오상순의 생애에 사상 문제로 조사를 받은 것은 이때가 처음이었다. 영사관에서는 오상순의 일본 유학 시절과 귀국 이후의 행적을 소상히 알고서 확인하는 절차를 가졌는데 주로 종교 관련이었기 때문에, 그때 그 덕을 보았다.

중국에서 돌아온 이후 보성고보 교사가 된 오상순은 교단에서는 영 보람을 느끼지 못했다. 교사가 학생보다 지각이 잦았다. 암담한 식민지 시대, 지식청년들이 희망을 갖기가 쉽지 않았다. 담배를 피우기 시작한 것이 대략 서른 살 이후부터였다고 본인이 회고했으므로, 이 무렵에 그는 담배로 공허한 마음을 달래게 되었을 것이다.

1926년, 만 32세 때였다. 교사직을 마냥 따분하게 여긴 이유가 있었다. 수업 준비를 하고, 정해진 시간에 강의실로 들어가야 하고, 시험문제를 내고, 채점하는 일들이 그의 체질에 맞지 않았다.

한번은 이런 일이 있었다. 서정주의 회고담에 나오는 이야기다. 학교로 가다가 골목길에서 두 마리의 개가 교배하는 것을 넋 놓고 바라보다 그만 지각하고 만 것이다. 하도 열중해서 보는 바람에 제자가 지나가는 것도 몰랐다. 그 학생은 학교에 가서 선생님이 개의 교배 장면을 보느라 학교에 갈 생각을 하지 않더라고 친구들에게 말했다. 그 뒤로 오상순이 지각하면 오늘

도 그 장면을 어디선가 보고 있을 거라는 소문이 한참 돌았다.[1]

겨울방학이 되자 부산 근처 동래에 있는 범어사에 들어갔다. 잠시나마 전도사까지 한 그가 불교와 인연을 맺게 된 것은 조선중앙불교학교 강사시절에 영문으로 된 불교경전을 심심풀이 삼아 읽은 것이 계기였다. 불경은 성경과는 다른 매력이 있었다. 성경에는 자기를 믿어 주지 않은 이들에 대해 신이 화를 내기도 하고 벌을 내리기도 하는데, 불경에는 끊임없이 수양하라고 되어 있었다. 득도得道하면 다행이고 안 되면 하는 수 없다는 식으로 적혀 있어서 천성이 급할 것이 없는 상순으로서는 끌리는 데가 있었던 것이다.

차상명, 김상호 스님과 교류하며 교리를 배우고, 참선參禪에 몰두했다. 3년간의 수행은 그의 사상체계를 송두리째 바꿔 놓았다. 상순이 일본과 중국 등을 여행하며, 이런저런 사상을 편력하며 든 생각은 '존재의 허무'였다. 인간은 누구나 죽게 마련인 것을. 다 사라지게 마련인 것을. 서른 살이 넘어 비로소 담배를 피우게 되면서 더욱더 그런 생각을 하게 되었다. 연기처럼 사라지는 모든 것들에 대해.

1   서정주(2017), 《미당 서정주 전집 9, 산문: 안 잊히는 사람들》, 은행나무, 202~203쪽.

허무의식은 더욱더 그를 방랑의 길로 내몰았다. 범어사를 나와 전국의 사찰을 돌아다니며 '도'를 구하고자 했다. 그때부터 자신을 공초空超로 자처했다. 누가 법명을 물어보면 '공초'라고 대답했다. 꽁초가 될 때까지 피우는 담배와 스스로 붙인 법명이 공교롭게도 딱 맞았다. 어느 절에 어느 고승이 있다는 얘기만 들으면 바로 그곳으로 발걸음을 옮겼다. 공초의 박학다식은 고승들의 혀를 내두르게 했다. 공초가 절에 가면 숙식은 자동적으로 해결되었고, 노잣돈까지 챙겨 주었으나 그는 합장배례만으로 절문을 나서곤 했다.

김정휴는 〈공초문학과 불교정신〉에서 "공초의 문학관 내지 종교적 사상은 입산하고부터 심화되고 시적으로 형성화되고 있다"며, "범어사 수행 생활 3년을 통해 견성 체험과 생명의 자유를 실현하고 있을 뿐 아니라 이때부터 공초의 삶은 무소유로 시작되고 생활의 현주소가 없이 우주만물과 몸을 섞는 법계인法界人이 되고 있다"고 하였다.[2] 일리 있는 주장이다.

1930년, 만 36세가 된 공초는 삼천리 금수강산 산천경개山川景槪 구경을 어느 정도 했다고 생각해 다시 중국 북경으로 갔

2   김정휴(1988), 〈공초문학과 불교정신〉, 구상 편, 《시인 공초 오상순》, 자유문학사, 248쪽.

다. 세 번째 중국 방문이었다. 북경에 근거지를 두고 경치가 절경인 소주蘇州, 항주杭州, 청도靑島 등 여러 곳을 두루 다니며 유람하다가 저우쭤런周作人을 만나 교유하기도 했다. 저우쭤런 과는 교유 정도만이 아니라 그의 집에 머물기도 하였다. 그의 소개로 중국의 대문호 루쉰魯迅과 만나 교분을 쌓기도 했다.

8・15광복을 맞았다. 해방기 5년 동안에는 문단도 좌익과 우익으로 나뉘어 치열하게 공방전을 벌였다. 이 기간 동안 다 수의 문인이 월북했고 소수의 문인이 월남했다. 오상순은 작 품도 별로 발표하지 않고 조용히 지냈다. 훗날 시인은 광복의 기쁨을 다음과 같이 노래하기도 했다. 1954년 작이다.

8・15

8・15

그렇다

8・15다.

나는 호올로

홍진만장紅塵萬丈의 잡답雜踏한 도심을 떠나

낚싯대 하나 둘러메고

인적부도人跡不到의 한적한 강변을 찾아

태고의 적료寂寥인 양

산적적山寂寂

수적적水寂寂

산수 간에 나 적적

대자연의 정적 속에

낚싯대를 물속 깊이 드리우고

8·15를 낚다

8·15의 정신을 낚다

8·15의 불멸을 낚다

민족비원民族悲願인 완전통일 완전자유 완전독립의 일편단심을
낚다.

아침나절엔 고기를 낚고 태양을 낚고

지나가는 구름과 그 그림자를 낚고

석양엔 노을을 낚고 물새소리를 낚고

밤에는 별을 낚고 달을 낚고

수水와 천天이 접한 사이에 그윽히 속삭이는 밀어密語를 낚고

깊은 삼경엔 소리없이 고동하는

대자연의 심장을 낚고

이윽고 사방에 기울어 비낀 삼태성三台星

유연히 바라본 순간…

꿈속인 듯 황홀한 가운데

나도 낚싯대도 몰락 잊어버리고

산적적

수적적

산수 간에 나 적적

태고의 적료인 양

대자연의 정적 속에

대자연의 심장의 고동소리만 그윽히 높아가고

엄숙히 깊어갈 뿐….

— 〈8·15의 정신과 감격을 낚다〉 전문

오상순이 한국전쟁이 막 끝난 시점에 왜 이런 시를 썼는지,

짐작이 간다. 8·15광복의 감격이 지금도 잊히지 않는데 우리 민족은 남북으로 분열되었고 완전자유, 완전독립의 꿈은 요원하다. 낚시하러 가서 낚고 싶은 것은 "8·15의 정신"과 "8·15의 불멸"이다. 민족의 비원인 "완전통일 완전자유 완전독립의 일편단심을 낚"고 싶은 마음을 담아서 이 시를 썼다.

오상순의 서울 생활은 주로 조계사曹溪寺, 역경원譯經院, 선학원禪學院 등에서 이루어졌다. 조계사의 승방 중 하나인 '유마실'은 가장 많은 날을 기거한 거처였다. 조계사에서는 공초를 승려로 인정, 상좌 아이 하나를 옆에서 시중들게 하였다. 훗날 1961년, 불교계에 분쟁이 일어나자 화가 난 상순은 조계사를 나와 안국동의 정이비인후과에 가서 제자 심하벽의 시중을 받으며 작고 전 입원할 때까지 기거하게 된다.

오상순은 한국전쟁 중 대구 피란시절에 월남한 구상具常 시인과 알게 된다. 원산의 문인들이 해방기념 문집으로 1946년에 낸 《응향凝香》이 문제가 되어 구상은 황급히 월남했고, 한국전쟁이 일어나는 바람에 북한의 모든 가족과 헤어진다. 고향을 떠나 와 외로운 처지였던 구상과 독신인 오상순은 허구한 날 술집이나 찻집에서 조우하였다. 구상은 피란지 대구에서 만난 오상순을 보고 스승으로 생각하게 된다.

구상은 "공초도 일본에서 종교철학을 전공했고 나 역시 종교학과를 나온 입장에서 구도적인 삶에 대한 향수랄까, 그런 것 때문에 가까워진 것 같다"고 술회한 적이 있다. 일본의 대학은 달랐지만 전공한 학과가 종교학으로 같아서 서로 마음이 통했던 것이다. 구상이 나온 니혼日本대학의 커리큘럼은 불경 해석에 주력하는 것이어서 두 사람의 대화는 밤을 새워도 끝날 줄 몰랐다. 전후에 서울에서 다시 만난 두 사람은 스승과 제자 같은 사이로 지낸다.

구상이 오상순을 정신적으로 따르게 된 또 하나의 이유가 있다. 해방 이후 미군정 치하가 되었을 때 영어를 좀 할 줄 아는 사람은 미군정에 줄을 대어 출세해 보려고 혈안이 되었는데, 오상순은 영어교사 출신임에도 불구하고 그런 노력을 조금도 하지 않는 것이었다. 구상은 오상순 사후에 그를 회상하면서 일대기를 요약해 쓰는데 이 부분에 대해 이렇게 쓰고 있다.

막말로 표현한다면 영어에 능통한 그가 미군정하에서 한 자리 할 것은 떼어 놓은 당상이었다. 그러나 일반 친지들의 기대와 달리 공초는 오히려 이제까지 길게 길렀던 머리를 깨끗이 삭발하고 어제까지의 그 무정처無定處, 무위(?) 한 생활을 계속하는 것이 아닌가! 그는 당시에 그 물 끓듯 하는 사회단체나 문화적 운동 속에서도 완전히 초연하였으며, 회합이라면 오직 인간의 경조사에나

가서 즐겨 축복과 위로를 하는 정도였다. 3

구상도 오상순을 본받아 일생 동안 대학의 총장 요청, 정계의 장관 요청을 수도 없이 받았지만, 단 한 번도 응하지 않았다. 즉, 세속적인 출세의 길로 자신을 내몰지 않았다는 점에서 두 사람의 삶은 궤를 같이한다. 이근배 시인은 구상으로부터 이런 말을 들었다고 한다.

해방이 되니까 배를 탄 사람들이 몽땅 한 자리 해 보려고 배 이쪽으로 몰려가지 않겠나. 그때 배 저쪽에 딱 한 사람이 있었는데 그가 바로 공초였네.

오상순이 작고했을 때에는 "6·25동란 직후 모든 사람들이 현실세계에서 출세할 욕심에 혈안이 되었을 때 공초는 오히려 출가를 재확인하고 당위當爲의 세계와는 다른 존재론의 세계에 홀로 버티고 있었으며, 인간의 본연 속에서 살다 가신 분"이라고 구상은 회상했다. 가깝기도 했지만 마음속으로 존경심을 품고 있던 구상의 오상순에 대한 태도는 한결같았다.

---

3   구상(1988), 〈시를 체현한 구도시인〉, 구상 편, 위의 책, 16쪽.

오상순의 장례식 때에도 구상은 장례위원이 되어 제자 된 도리를 다한다. 서거 25주년을 맞아 공초에 대한 글을 모아 《시인 공초 오상순》이라는 책을 펴낸 것도 구상 시인이었다. 마음에서 우러난 존경심이 없었다면 이렇게 인연이 이어지지 않았을 것이다. 구상은 공초숭모회 초대 회장이 되고, 공초문학상 제정을 위해서도 최선을 다한다.

7

오상순 곁의 여인

평생 어느 누구와도 결혼한 적이 없었던 오상순이 신랑과 신부
가 화촉을 밝힌 뒤에 이른바 '초야'를 치르는 과정을 소재로 시
를 썼다.

어어 밤은 깊어

화촉동방華燭洞房의 촉燭불은 꺼졌다

허영의 의상은 그림자마저 사라지고…

그 청춘의 알몸이

깊은 어둠바다 속에서

어족인 양 노니는데

홀연 그윽히 들리는 소리 있어

아야…야!

태초 생명의 비밀 터지는 소리

한 생명 무궁한 생명으로 통하는 소리

열반의 문 열리는 소리

오오 구원의 성모 현빈玄牝이여!

머언 하늘의 뭇 성좌는

이 밤을 위하여 새로 빛날진저!

밤은 새벽을 배孕胎고

침침히 깊어 간다.

— 〈첫날 밤〉 전문

　여성의 입에서 터져 나오는 교성嬌聲을 그대로 표현하여 다
소 코믹하기도 하지만, 한밤에 이루어지는 이 광경은 새로운
생명의 잉태를 예견케 하는 성스러운 광경이다. 단순히 남녀
상열지사相悅之詞의 열락悅樂을 그린 시가 아닌 것이다. 여성이
남성의 몸을 받아들일 때 내는 교성을 "태초 생명의 비밀 터지
는 소리"요 "한 생명 무궁한 생명으로 통하는 소리"로, 또 "열반
의 문 열리는 소리"로 표현하였다.

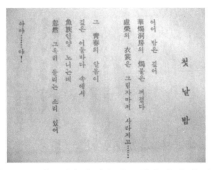

시집 《공초 오상순 시선》에 실려 있는 〈첫날 밤〉의 첫 페이지

성모 마리아는 수태고지受胎告知를 통해 이런 행위 없이 예수를 낳았다고 성경에 나와 있어서 오상순은 "오오 구원의 성모 현빈이여!"라고 말한다. '현빈'은 "노자의 도道의 오묘한 곳"이다. 정자와 난자의 만남 없이 생명 잉태가 가능한가? 하고 의구심이 일어 쓴 시행으로 보인다. 밤이 깊어 사방이 깜깜한데 "청춘의 알몸이/ 깊은 어둠바다 속에서/ 어족인 양 노니는" 열락의 시간이 있어야만 생명이 태어난다고 상순은 말하고 있다.

이 시가 1945년 작임을 중시한 함동선은 "아야…야!"라는 외침을 "아픔의 문을 여는 육체의 신비로움이요 환희이면서, 조국의 해방을 알리는 아픈 기쁨"[1]이라고 보았다. 비슷한 주제의

---

1   함동선(1988), 〈영원한 생명의 주체〉, 구상 편, 《시인 공초 오상순》, 자유문학사, 176쪽.

시로 〈생명의 비밀〉도 있다.

오 — 보라!

이 절대 신비한 생명의 철학 실천코자 20세기도 후반기 지금
여기 이 순간!

사랑의 정열에 불붙은 두 가슴 같은 가락에 두근거리며 환희와
법열에 넘쳐

엄숙히 경건히 머리 숙여 백년을 가약하고

천지신명과 우리 앞에 의연히 서 있는 한 쌍의

새 인간 아담과 이브!

— 〈생명의 비밀〉에서

이 시의 부제는 '너의 결혼송'이다. 누군가 결혼한다는 말을
듣고 결혼 축시로 이와 같이 써준 것이다. 결혼이라는 예식에
초점을 맞춘 시가 아니라 "사랑의 정열에 불붙은 두 가슴"이 치
를 새 생명 탄생의 그 "환희와 법열"의 시간을 갖게 되었음을
축하하고 있다. 여성을 한 번도 가슴에 품어 본 적이 없는 사람
이 이런 시를 썼다? 상상도 간접 체험이라고 할 수 있기는 하
나, 위 시는 체험의 시일 수밖에 없다.

오상순 본인의 생애에 몇 명의 여성이 있었다. 소문이 아니

라 지인들의 회고담에 나오는 것이므로 그 진정성 여부를 의심하지 않아도 된다고 여겨진다.

상순이 일본에서 귀국한 지 얼마 안 되어 일본에서 한 여인이 찾아온다. 이관구2는 〈이관구 선생과 공초의 담소에서〉라는 대담에서 그 당시의 사정을 밝혀 보고자 몇 가지 질문을 하는데 상순은 솔직히 답변한다.

"일본 어느 고관대작의 딸이었습니다. 귀국한 지 얼마 안 되었을 때인데 저랑 혼인해 살고 싶다고 무작정 현해탄을 건너온 것이었습니다."

"일본인 여성과 조선인 남성의 결혼은 거의 이루어지지 않던 시절인데, 그 여인의 용기가 대단했습니다. 시기적으로는 3·1운동 직전이었던 것 같은데요."

"네, 그랬었지요."

"일본에서 그 아가씨와 로맨스가 꽤 있었나 봅니다. 그 시절에 배를 타고 조선까지 온 것으로 보아."

"전혀 없다고 할 수는 없습니다. 하지만 그때나 지금이나 결

---

2 이관구(李寬求, 1898~1991)는 〈조선일보〉 정경부장, 〈조선중앙일보〉 편집국장, 〈경향신문〉 부사장, 한국신문연구소 제3대 소장 등을 역임한 언론인이다.

혼해서 가정을 이루고 자식을 낳아 기르는 것은 내가 꿈꾼 삶이 아니어서….."

"그 여성에게 그런 꿈을 심어 준 건 공초가 아니었소?"

"저야 그저 그 여성과 한동안 친하게 지냈을 따름입니다. 말도 잘 통하고….."

"그 아가씨와 어떻게 헤어졌습니까?"

"잘 설득해 돌려보냈습니다."

"순순히 돌아가던가요?"

"며칠 있다 보니 조선어를 익히지 못한 상태라서, 저랑은 말이 통하지만 여기서 살 자신감을 잃고 말았습니다."

1918년에 귀국한 오상순은 그 여인과 이렇게 헤어지고 말았다. 일본 여성이 사랑하는 남성을 찾아서 현해탄을 넘어온 또한 사례는 이중섭을 찾아온 야마모토 마사코의 경우가 있다. 1945년 광복 얼마 전이었으니까 27년 뒤의 일이다. 이중섭은 야마모토 마사코와 결혼하면서 이남덕이라는 이름을 지어 주어 혼인신고를 한다.

또 한 사람은 독일계 미국 여성이었다. 일본 유학을 마치고 돌아온 20대 후반의 오상순과 결혼하기를 원하며 구애해 왔다. 평생 독신으로 살겠다고 결심한 상순의 미온적인 태도에 그 여성은 서운한 감정을 품고 미국으로 떠났다. 하지만 그 뒤로도 편지로 상순을 계속 설득했는데 상순이 답장을 하는 둥마는 둥 하자 자존심이 많이 상했다. 상순이 쓴 편지 내용 중에는 나 같은 사람과 살다가는 고생만 실컷 하다가 죽게 될 거라는 내용도 있었으니 어느 여성인들 넌더리가 나지 않았을까. 사랑의 종말은 그녀가 상순에게 이별의 선물로 호두 몇 되를 소포로 보내 온 것이었다. 이 사랑을 깨뜨린 것은 내가 아니고 당신이라는 뜻이었으리라.

서정주가 오상순을 처음 만났던 날의 해프닝이 서정주의 수필에 나온다.[3] 두 사람을 세인들이 호로 불렀던 때이므로 여기서는 그들을 호로 지칭하자. 두 사람이 처음 만난 것은 오상순이 조선중앙불교학교 교수로 재직하던 1934년이었다(1921년, 만 27세 때 이 학교의 교사가 되었으니 한동안 그만두기도 했었지만 다 합치면 오상순이 가장 오래 갖고 있던 '직업'이었다).

그때 공초가 마흔한 살, 미당이 스무 살이었다. 이때 공초는 안국동 뒷골목에 있는 선학원禪學院의 골방을 차지하여 기식하고 있었다. 미당은 공초와 일면식도 없었지만 문단의 대선배에게 인사를 드리기로 했다. 게다가 '교수님'이라니 품위와 권

---

3   서정주(2017), 《미당 서정주 전집 9, 산문: 안 잊히는 사람들》, 은행나무, 211~215쪽.

위를 갖춘 분이라고 생각한 탓에 바짝 긴장한 상태로 식전 댓바람에 공초를 찾아갔다.

젊은 스님이 안내를 했다. 구석방 앞에서 그 스님은 몇 번 헛기침을 하더니 "공초 선생님 계십니까?" 하고 서너 번 물었다. 그 소리를 분명히 들었을 텐에 공초는 '어?'라고만 말할 뿐 들어오라고도 말라고도 하지 않았다. 이번에는 미당이 재차 물어도 마찬가지로 '어?'라는 대답이 들려 올 뿐이었다. 갑갑증을 참지 못하고 미당은 문을 열고 들어섰다. 방 안에는 담배 연기가 짙은 안개처럼 자욱하게 퍼져 있었다. 공초는 팬티만 하나 걸친 채 담배를 입에 물고 누워 있었다. 러닝도 안 입고 베개도 안 베고 해골처럼 누워 있는 머리 양쪽에는 담뱃재와 꽁초가 어지러이 흐트러져 있었다.

"저는 서정주라고 합니다. 시와 불경을 공부하고 있는 학인 學人입니다."

"어?"

이 말만 하고 계속 누운 자세 그대로 고개를 조금 움직여 미당을 한 번 쳐다봤을 뿐 더는 기척이 없었다. 연기가 하도 자욱해서 눈을 감았는지 떴는지도 분간할 수 없었다. 미당은 5분쯤 엉거주춤 서 있다가 도저히 더는 참을 수 없어 밖으로 뛰쳐나왔다. 스멀스멀 터져 나오려는 폭소 때문이었다.

108

선학원 대문을 나와서도 큰길로 한참을 달리고 나서야 미당은 참았던 폭소를 터뜨렸다. 행여나 웃음소리가 공초의 귀에 들릴까 해서였다.

"내 평생 처음 보는 괴물이다, 괴물이야!"

미당의 눈에 비친 공초는 스님도 아니고 속인도 아니고 교수도 아니고 수위도 아니고 시인도 아니고 시정잡배도 아니고 불가사의한 괴물이었다. 이 일을 미당은 훗날 주변사람들에게 종종 들려주었다.

선학원으로 찾아가 팬티 바람의 공초를 만난 지 3년 뒤 미당은 길에서 공초와 조우했다. 공초는 깨끗한 양복차림에 중절모를 쓰고 단장까지 짚은 멋쟁이 대학교수였다. 미당은 공초 앞으로 다가가 정중하게 인사를 올린 뒤 자신을 소개했다.

"저, 몇 달 전에 선학원으로 찾아가 인사를 드렸던 서정주올시다."

"그래? 아, 맞아, 그랬었지. 그때 내 의관이 그래서 들어오라고 하지 못했는데 자네가 불쑥 들어왔지. 그래서 인사도 못 받아주었고…. 우하하!"

공초는 호탕하게 웃더니 주머니에서 담뱃갑을 꺼내 담배를 하나 뽑아 미당에게 권했다. 미당이 망설이자 아예 성냥을 켜 불까지 당겨주었다. 그리고는 다짜고짜 근처 대폿집으로 끌고

들어가 미당이 인사불성이 될 때까지 술을 샀다. 공초가 술을
살 때는 아는 사람, 모르는 사람 가리지 않고 항상 주머니가 빌
때까지 샀다. 이걸 노리고 공초가 잘 나타나는 술집 앞에서 그
를 기다리는 돈 없는 건달 문인도 있었다.[4]

　미당은 지인들에게 대구에서 공초가 어떤 여인과 살림을 차
렸다는 말을 한 적이 있었다. 1940년, 공초의 나이 만 46세 때
였다. 미당은 그 여인을 '헌 여자'로 불렀는데 이 말을 기혼녀
나 과부를 뜻한 것으로 이해하면 될 듯한데 실은 퇴기退妓였다.

　공초가 그녀와 동거하게 된 것은 대구에 있는 친구 이상화
시인의 권유 덕분이었다. 이상화는 공초가 서울에서 동가식서
가숙東家食西家宿하고 있다는 소문을 듣고는 대구에 와서 좀 있
으라고 권유했고, 조선중앙불교학교 교수 생활이 지겨워 그만
둘까 생각하던 공초에게 대구는 의식의 신천지였던 셈이다.

　대구에 내려와서도 이상화의 집에서 며칠을 지내고 또 다른
문인의 집에서 며칠을 지내는 식으로 살아가자 이상화가 꾀를
하나 냈다. 아는 과부가 있는데 음식솜씨가 괜찮으니 같이 식

4　이 이야기는 서정주가 1971년 《월간 중앙》 7월호에 발표한 수필 〈무의
　시인 오상순〉〔서정주(2017), 《미당 서정주 전집 9, 산문: 안 잊히는
　사람들》, 은행나무에 재수록〕의 일부를 재구성한 것이다.

대구에 체류할 때 시인 이상화와 교육자 조석기와 함께

당을 내 보라고 하면서 여러 문인에게 이야기해 돈을 추렴, 그 과부가 술집을 겸한 오뎅집을 차릴 수 있게 도와주었다. 대구시 중구 덕산동 54번지였다.

공초의 생애를 통틀어 이와 같이 어느 아녀자의 남편 노릇을 한 적이 있었다는 것은 참으로 이례적이다. 그 기간이 아버지의 장례를 치른 1946년까지, 거의 7년은 이어진 것 같다. 대구에 있느라 아버지의 임종을 지키지 못했다는 죄책감이 커서 장례식이 끝난 뒤에 삭발을 했다는 설이 있다. 아마도 이 무렵에 대구의 그 여인과 이별한 것 같다.

대구의 문인들이 매일 밤 매상을 올려 준답시고 이 술집을 찾아 준 것은 고마운 일이었지만, 태반이 술을 외상으로 마시고선 훗날 돈이 생기면 갚겠다 말하고는 그냥 가 버리곤 했다. 그중에는 술집을 차릴 때 돈을 좀 대준 이들도 있었기 때문에 술값을 달라고 하기도 민망했다. 공초가 돈은 챙기지 않고 외상장부에 손님의 이름과 술값만 적는 나날이 이어졌다.

그 여성으로서는 울화앙앙, 분기탱천의 나날이었다. 게다가 남자주인이 손님과 더불어 술을 마시면서 돈 벌 생각은 전혀 하지 않으니, 어떤 여성인들 이 생활을 지속할 수 있었을까. 사람들은 모두 공초를 존경의 눈빛으로 보면서 몇 마디 말만 듣고도 고개를 조아렸지만, 이 여성의 눈에는 공초가 점점 무능한 필부匹夫로 보이는 것이었다. 그렇지만 꾹 참고 상전처럼 그를 모시면서 살아갔다.

부부싸움 비슷한 것을 하는 날도 있었다. 그래도 시장에 가서 음식 재료를 사 오는 것은 상순의 몫이었다. '신혼의 보금자리' 비슷한 것이 만들어진 것이었고, 〈첫날 밤〉이 탄생할 수 있었던 것이다.

그런 어느 날, 그 여성은 부부싸움을 대판 하고는 자취를 감추고 말았다. 공초는 술집 문짝에 '기중忌中'이라고 쓰고는 여러 날 누워 지내면서 기다렸지만 그녀가 결국 돌아오지 않자 상경했다. 여성과 살림을 차린 것은 그때가 처음이자 마지막이었다.

기중이라는 글자를 보고 문인들이 찾아갔을 때, 그들은 동거하던 여성이 죽은 줄로만 알았다. 그러나 오상순은 방 안에 누워 있었고, 바로 옆에 죽은 고양이가 나란히 누워 있는 것이 아닌가. 부부가 함께 돌봐 주던 고양이가 연로하여 마침 그 무렵에 숨을 거둔 것이었다. 상순은 그녀가 떠난 것보다 더 크게 상심했다. 그야말로 식음을 전폐하고 누워 있었던 것이다.

오상순은 장례업체에 연락해 죽은 고양이를 꽃상여에 실어서 정중하게 장례를 치르고 무덤까지 만들어준다. 대구의 문인 몇 사람이 무덤 만드는 곳까지 따라가 주었다. 지금이야 동물 장례식이 흔한 일이지만 그 당시에 그렇게 한 것은 전국에서도 오상순이 유일했을 것이다.

대구의 문인들에 의해 '헌 여자'에 대한 소문은 서울의 문인들 사이에도 널리 퍼졌다. 공초가 대구에서 여러 해 기둥서방 노릇을 하면서 살았다는 것은 문인들 사이에서 널리 회자된 쇼킹한 뉴스였다.

8

공초의 담배 사랑

한국전쟁이 발발하였다. 오상순은 1·4후퇴 때 대구로 가서 '아리스', '향수' 같은 다방에서 문인들을 만나면서 지냈다. 부산으로 가서는 '파도'와 '금강' 다방에서 지내며 전쟁이 끝나기를 기다렸다. 공초 오상순 하면 담배와 떼려야 뗄 수 없는 일화들이 많아서 이제 담배 이야기를 하지 않을 수 없다.

나와 시와 담배는
이음동곡異音同曲의 삼위일체

나와 내 시혼詩魂은
곤곤히 샘솟는 연기

끝없이 곡선의 선율을 타고

영원히 푸른 하늘 품속으로

각각❬❬ 물들어 스며든다.

— 〈나와 시와 담배〉 전문

환도 이후 다시금 조계사에서의 생활이 시작되었다. 아침 공양이 끝나면 명동이나 종로로 나가 '서라벌', '모나리자', '향지원' 같은 다방에 드나들었다. '청동' 다방을 발견하자 마음에 들어 이 다방을 자신의 사무실 겸 휴식처로 생각하고는 거의 매일 출근하였다.

이들 다방에서는 점심때가 되면 공초의 점심식사 메뉴를 알고 우유에 계란을 넣은 '에그 밀크'를 한 잔 올렸다. 그래서 이들 다방의 종업원들은 그를 '에그 밀크'라는 별명으로 불렀다. 온종일 줄담배를 피우고 있으므로 '꽁초'라고 부르기도 했다. 그는 대단한 애연가로, 30대 초반에 사찰을 순례할 때 갖게 된 법명인 '공초'가 그의 줄담배와 연관 지어져 이후에는 '꽁초'로 불리었다. 우연인지 필연인지, 그의 사진을 보면 거의 다 담배를 피우는 모습이다.

숙식은 이와 같이 대충 해결했지만 교통비나 담뱃값은 어떻게 해결했던 것일까. 주변의 지인들이 부친상이나 모친상을

대한민국에서 담배를 제일 많이 피운 공초

당하면 상순은 고인을 기리고 유족을 위로하는 조사^{弔詞}를 한 지에 길게 써 가서 한참 동안 낭독하는 것이었다. 상순이 따로 돈벌이를 하지 않고 있음을 아는 지인들은 이때마다 그에게 제 법 두둑하게 사례하였다. 생활비는 이런 식으로 해결하였다. 몇 군데 대학에서 강의 혹은 강연 요청이 있었지만 다 거절하 였고, 간혹 결혼식, 회갑연이나 칠순잔치, 팔순잔치 같은 곳 에 가서 장문의 축사를 읽어 주고는 생활비를 벌었다.

조계사 유마실에서 기거할 때의 생활은 이랬다. 새벽 4시, 눈뜨자마자 담배에 불을 붙인다. 파이프를 쥔 채 참선에 든다. 다른 사람들은 새벽예불에 참석하지만 그는 같은 시간에 깨어

담배를 피우며 명상에 잠겼다. 아침공양은 절에서 해결해 주었다. 담배 때문에 그는 젊은 학승들과 같이 지낼 수 없었다. 요사채인 유마실을 내주었으니 그저 고마울 따름이었다.

오전 10시쯤 되면 공초는 명동거리로 나섰다. 다방은 그의 수행처였다. 젊은 문학도들은 그를 만나려면 다방에 가면 되었다. 그를 만나려는 사람은 학생이 아니라면 모두 갑이 아닌 보루로 담배 선물을 들고 왔다. 결혼식 주례를 할 때도 그의 손에는 담배가 들려 있었다.

본인이 어느 정도의 애연가인지를 밝힌 글이 있으니 〈애연소서愛煙小敍〉인데 이런 대목이 나온다.

한때 술을 많이 마시고 모자고 스틱이고 마구 잃어버린 채 코를 골고 곤드라져 가면서도 파이프는 손가락 새에 쥔 채로 있었다 한다. 옆에서 누군가가 파이프를 빼려고 했으나 이놈은 도무지 빠지지를 않더란다.

이 글에서 본인이 제일 혐오했던 글자가 '금연'이라고 했으니 말해 무엇 하랴. 사찰에서 담배를 피우는 재가자를 좋아할 리 없다. 그럼에도 공초는 담배를 내려놓지 않았으며, 조계사 역시 이 골초 도인을 쫓아내지 않았다. 이 시기 그는 시를 쓰기보다, 삶을 시로 대신했다. 담배를 피워 물고 인생을 논하는 그 순간순간이 그에겐 시였다.

아침에 일어나 담배에 한 번 불을 댕기면 세수할 때고, 식사할 때고 가리지 않고 불을 끄지 않았다고 한다. 하루 20갑 이상을 피웠다는 설이 있지만 확실치는 않다. 그렇게 연통에 빠져 살아간 흡연광이 만 69세까지 살았고, 폐렴이나 폐암으로 죽은 것이 아니니 신기하다. 그는 1963년 6월 3일 밤 서울 적십자병원에서 세상을 떠났다. 사인은 고혈압성 심장병이었다.

9

오상순의 종교관과 《청동문학의 탄생》

오상순의 작품 중에서 불교철학이 가장 두드러지게 구현된 작품은 1958년 작 〈영원회전永遠廻轉의 원리原理〉이다.

봄이 온다
순간이자 영원인
생명의 봄이 온다
뭇 생명이 분수처럼
솟구쳐 샘솟는
봄이 온다.

봄이 오면
여름이 오고

여름이 오면
가을 오고

가을이 오면
겨울 오고

겨울이 오면
봄이 오고

봄이 오면
여름 오고

여름이 가면
가을 오고

가을이 오면
겨울 오고

겨울이 가면
봄이 오고

봄은 여름을 배태하고

여름은 가을을 배태하고

가을은 겨울을 배태하고

여름은 또 봄을 배태하고

봄은 봄대로

여름은 여름대로

가을은 가을대로

겨울은 겨울대로

일맥상통 —

봄 여름 가을 겨울이

돌고 돌아

오고 가고

가고 오고

오가는 사이에

사사물물事事物物

모든 것이

변하고 화하고

화하고 변하고

옮겨지고 움직이고

움직이고 옮겨진다.

하늘도 돌고

땅도 돌고

하늘과 땅 사이

온갖 것이 다 돌아

해도 돌고 달도 돌고

별도 돌고 꽃도 돌고

들도 돌고 산도 돌고

강도 돌고 바다도 돌고

먼지도 돌고 돌도 돌고

물도 돌고 불도 돌고

피도 돌고 숨도 돌고

평면도 돌고 입체도 골고

인간도 돌고 벌레도 돌고

짐승도 돌고 벌레도 돌고

암놈도 돌고 수놈도 돌고

어린이도 돌고 어른도 돌고

음陰도 돌고 양陽도 돌고

태양도 돌고 무극無極도 돌고

물체도 돌고 물질도 돌고

원자도 돌고 무無도 돌고

무無가 도니 유有도 돌고

유有가 도니 무無도 돈다.

안이 도니 밖도 돌고

속이 도니 겉도 돌고

위가 돌고 아래 도니

중간인들 안 돌손가

나도 돌고 너도 돌고

그도 돌고 저도 돌고

현상도 돌고 본체도 돌고

순간도 돌고 영원도 돈다.

잘도 돈다

고추 먹고 맴맴

담배 먹고 맴맴

잘도 온다.

골치가 아프다.

이 유구한 세월

자연추이의 선율 속에

만유萬有— 는

영榮하고 고枯하고 융隆하고 체替하고

체替하고 융隆하고 고枯하고 영榮하고

중생— 은

흥하고 망하고 성하고 쇠하고

쇠하고 성하고 망하고 흥한다.

인생은

생生하고 노老하고 병病하고 사死하고

사死에서 또다시

생生— 하고 노老하고 병病하고 사死하고

우주—는

성成하고 주住하고 괴壞하고 공空하고

공空에서 또다시

성成하고 주住하고 괴壞하고 공空한다.

이 어마어마한

대자연의 추이 유동과

영원질서의 '심포니 · 하모니' 속에

영겁에서 영겁으로 유유히

생명유전生命流轉하며 유희삼매遊戲三昧에 도취하여

자기자체自己自體도 순역자재順逆自在하며 조화무궁한…

보라!

이 불생불멸不生不滅,

절대비경의 소식消息의 심연인

끔찍하고 엄청난 '운명'의 꼴을!

오 ― 그리고

이 '운명'은 곧 '너' '자신'인저……

오!

'너' 두렵고 엄숙한

불멸의 질서 법칙의 화신이여

항구불변하며 순환무상한

계절의 생리여

색공일여色空一如 ― 생사여래生死如來

유무상통有無相通하며 무한 샘솟는

영원청춘의 상징이여 본존本尊이여.

　　　　　　　　　 ― 〈영원회전永遠廻轉의 원리原理〉 전문

　부제가 '계절의 독백'인 이 시는 앞의 절반 정도를 만물의 유전流轉과 영원 회귀를 설명하는 데 할애하고 있다. 초반에는 겨울이 가면 봄이 또 온다는 평범한 진리를 반복하여 변주하고 있다. 달도 차면 기울고 물도 차면 넘친다는 말을 한 뒤에, 생명체는 생로병사하고 세상은 흥망성쇠를 반복한다는 경구를 보여 준다. 시의 종반부에 이르러 오상순은 우주만물의 질서에 대해 불교적인 사유에 입각해 '색공일여色空一如'와 '생사여래生死如來'라고 쓴다. 생명체의 끝은 죽음이지만 다시 생명의 질서에 참여할 수 있다는 것은 윤회사상을 이름이다.

도를 깨치면 죽고 사는 것이 큰 차이가 없고 죽음에 대한 번민에서 벗어날 수 있다고 보았다. '불생불멸不生不滅'은 불교의 중요한 교리다. 생겨나지도 않고 없어지지도 않고 늘 있는 것, 바로 진여실상眞如實相의 존재를 오상순은 꿈꾸었던 것이다. 그 어떤 것에도 구애받지 않는 자유로운 영혼을 갖게 되었다고 말하고 있는 것이다. 이것은 법정스님의 무소유無所有 사상과 크게 다르지 않다.

그래서 오상순은 살아생전에 시집이건 수필집이건 한 권도 내지 않았다. 자신의 작품마저 소유물이 될 수 있다는 생각에 그렇게 하지 않았나 추측해 볼 수 있다. 자신의 사상을 전파하려는 노력도 하지 않고, 그저 다방에 가서 사람들과 대화를 나누며 전후 10년의 세월을 살았다. 세상 사람들이 추구하는 입신출세에 대해 그는 아무런 욕심을 부리지 않았다. 재물, 지위, 일정한 주소, 아내와 자녀, 또 문인의 마지막 집착물인 저서에 대한 욕심까지 모두 내려놓았다.

집이 없지만 잘 곳을 걱정하지 않았고, 돈이 없어도 끼니 걱정을 하지 않았다. 잘 곳이 없으면 다방의 의자에서 밤을 새우고, 밥은 누가 사주면 먹고 그렇지 않으면 굶었다. 광복과 한국전쟁을 겪고 난 이후에도 그의 삶은 변하지 않았다.

머리를 깎고도 불가에 귀의하지는 않는 비승비속의 삶이었다. 이미 발동이 걸린 떠돌이 기질은 그를 범어사에만 머물게 하지 않았다. 젊은 시절에 그는 경기도 의정부 소재 삼각산의 망월사, 천안에 있는 각원사, 금강산에 있는 신계사 등 여러 절을 돌았다. 견문을 넓히는 한편 불교계의 고승들을 만나 배움을 구하였다.

사람들은 그를 만나기 위해 연극인 이해랑이 운영하던 명동의 '청동다방'을 찾았고, 공초는 언제나 그들을 환대했다. 늘 그렇듯 "고맙고 기쁘고 반갑다"는 인사와 함께 "무엇이든 쓰라"며 사인북을 내밀었다. 이근배 시인의 증언에 따르면 좁은 청동다방보다도 서라벌다방, 창일다방, 향지원다방으로 진출해 사람들과 대화를 나눴다고 한다. 1

오상순은 이른바 《청동靑銅문학》이라는 일종의 잠언록箴言錄

사인북 《청동문학》의 100호 표지

을 만들어 나간 것이다. 총 195권에 달하는 이 기록에는 당대 지식인들의 글과 그림에 예술관과 인생관, 세계관 같은 사상이 고스란히 담겨 있다. 시인 이은상은 여기에 "오고 싶지 않은 곳으로 온 공초여, 가고 싶은 곳도 없는 공초여"라는 촌철살인寸鐵殺人의 인물평을 적었다. 이 잠언록의 일부는 건국대박물관에 소장되어 있다. 111호부터는 《청동산맥》이라고 개칭하였다.

손님이 펜을 내려놓으면 다시 악수를 청하고 담배를 권한

---

1   민윤기(2019), 〈자유가 나를 구속하는구나 / 오상순〉, 《시인을 찾아서》, 스타북스, 293·295쪽.

《청동문학》 내지와 108호의 표지

다. 찾아오는 이마다 담배를 권하고 그들의 이야기를 들었
다. 밥을 사 준다면 밥을 먹었고, 술을 사 준다면 술을 마셨다. 해
가 기울면 조계사로 돌아오는 생활이 반복되었다.

　최종고 교수의 회고담2에는 펄 벅 여사가 오상순을 만난 일
화가 적혀 있다. 1960년 11월 3일이었다. 명동의 다방에 담배
한 보루를 들고 방문한 펄 벅은 오상순이 예의 사인북을 내밀
자 이렇게 썼다.

It is better to light a single candle than to complain of the
darkness.

<hr>

2　최종고(2019), 〈삶의 마디마다 만나는 구상 선생님〉, 구상선생기념사
　　업회, 《홀로와 더불어》, 2019년 봄호, 23쪽.

오상순과 펄 벅 여사가 오찬장에서 만나 대화를 나누다.

"어둠을 불평하기보다는 촛불 하나 켜는 것이 낫다"는 이 구절은 구상 시인의 수필집 《한 촛불이라도 켜는 것이》의 제목이 된다. 같은 제목의 수필에서 구상은 오상순과 펄 벅의 만남에 대해 다음과 같이 말하고 있다.

공초 선생은 알려진 대로 이 땅 신시新詩의 선구자 중 한 분일 뿐만 아니라 현대 한국이 낳은 현자로, 그는 만년에 교회도 사찰도 아니고 교실도 강단도 아닌 다방에서 젊은이들에게 선문답禪問答하듯 제일의적第一義的 물음을 아주 자연스럽게 묻게 하고 계셨다. 이런 선생을 접하고 펄 벅 여사도 크게 감격하여 저런 격언을 써 남겼던 것이다. 3

---

3   구상(2017), 《한 촛불이라도 켜는 것이》, 나무와숲, 292~293쪽. 이

여기서 오상순의 사상을 살펴보는 것도 의미 있는 일일 것 같다. 〈아시아의 마지막 밤 풍경〉이나 〈아시아의 여명〉 같은 시에 나타나는 거시적인 안목은 로망 롤랑4의 세계평화주의에 영향을 받은 것으로 보인다. 그리고 〈허무혼의 선언〉, 〈허무의 제단〉 같은 시에 나타나는 '허무'의 사상은 염세적이거나 퇴폐적인 사상이 아니라 도교의 '무위자연' 사상에 가깝다. 오상순은 〈여시아관如是我觀〉이라는 글5에서 본인은 화엄철학의 사무애四無碍6 안에서 안온함을 느끼며 살아왔다고 말하였다. 이 글에서 그는 "굴러다니는 조약돌엔 이끼가 끼지 않나니, 반여 세기 동안 홀로 표표히 방랑하며 살아온 내 몸에 무슨 불편이 있을 것이며, 군색함이 나를 사로잡을 틈이 있었으리오"7라고

책의 원래 발간연도는 1985년이었다.

4 로맹 롤랑(1866~1944) : 프랑스의 소설가, 극작가, 평론가. 제1차 세계대전이 발발하자 스위스의 '국제적십자 전시포로 정보국'에 근무하면서 세계평화운동에 진력했다. 이 무렵인 1915년에 쓴 반전평론집(反戰評論集) 《싸움을 초월해서》(Au-dessus de mêlée)에서는 국제주의의 입장에서 프랑스와 독일 양국의 편협한 애국주의를 비판했다. 대하소설의 선구가 된 《장 크리스토프》로 1915년 노벨문학상을 수상했다.

5 여성지 《여원》(女苑) 1959년 7월호에 게재된 글이다.

6 일(事)과 일이 서로 거침이 없고, 일과 이(理)가 서로 거침이 있지 아니하며, 이와 일이 또한 서로 거치지 아니하고, 이와 이가 또한 서로 막힘이 없다(事事無碍 事理無碍 理事無碍 理理無碍).

도 말했다. 무소유의 즐거움이라 할까 자유라 할까 그것을 누리며 살아와서 세상사에 거리낄 것이 없다는 말이다. 그 글에서 휴정의 《서산집》에 실린 "천계만사량千計萬思量 홍로일점설紅爐一點雪 니우수상행泥牛水上行 대지허공렬大地虛空裂"[8]이라는 시구를 인용하기도 했는데, 그만큼 삶에 집착하지 않고 죽음을 두려워하지 않으며 살아온 자신의 인생철학을 피력하였다.

1959년 가을 중양절이었다. 청동다방에서 찾아온 이들과 휘호집 《청동산맥》을 앞에 두고 대화를 나누는데 누군가 역으로 상순에게 질문을 던졌다. "여기가 어디입니까? 선생님께서 가르쳐주십시오." 한참 눈감고 생각에 잠기더니 이렇게 썼다.

청동산맥엔 양극일치兩極一致가 있고
모순의 조화가 있고
어묵語默 삼천봉三千峰이 있고
불이문不二門이 있고

---

7 이어령 편(1990), 《한국문학연구사전》, 도서출판 우석, 268~269쪽 재인용.
8 천 가지 계교와 만 가지 생각이 모두 뜨거운 화로에 떨어지는 한 점 눈송이와 같다. 진흙으로 만든 소가 물위를 걸어가니 대지와 허공이 갈라지더라.

이 소식을 호흡하고 실험하고

실증하고 실행하는 도량이다.

왜 이런 휘호집을 만들었는가에 대해 답변한 셈이었다. 고
승들이 하안거^{夏安居}와 동안거^{冬安居}를 하는 것처럼 오상순은 저
잣거리 사람들 가운데서 도를 닦고 있었던 것이다. 어느 날은
이런 시를 써놓기도 했다.

산아 무너져라

그 밖 좀 내다보자

바다야 넘쳐라

심심허도 않으냐

— 〈무제^{無題}〉 전문

실로 하늘이 지붕이요 땅이 집인 삶, 그에게는 의무감과 책
임감이 없어서 자유로웠고, 가족이 없어 평화로웠다.

오상순이 병원에 입원해 있을 때 마지막으로 한 말을 박호준
시인이 듣고 이근배 시인에게 전해 주었다.

"자유가 나를 구속케 하였구나."

이 말을 이근배 시인은 '임종게^{臨終偈}'라고 표현하였다. 한평

생 자유인으로 어디에도 얽매이지 않았던 그가 죽음을 앞두고 이 말을 왜 했던 것일까. 자유인으로서 산 그 삶을 왜 '구속'으로 표현했는지는 본인만이 알 것이다.

오상순은 1954년에 예술원 종신회원으로 추대되었다. 한편 여러 문인들 사이에 '공초 시인이 환갑인데 환갑잔치를 해드리자'는 운동이 벌어져 구상, 김광섭, 양명문, 왕학수, 이하윤, 이헌구, 조지훈 등이 모여 봉은사에서 회갑연을 조촐하게 열어 드렸다. 아래의 시는 사후에 나온 유고시집 《공초 오상순 시선空超 吳相淳 詩選》에 서시로 실려 있는데, 60년이라는 숫자가 나오므로 이 무렵에 쓴 것이 아닌가 유추한다.

천도복숭아 따서 민족의 건강에 이바지하고

아름다운 꿈과 화려한 시를

년년백지年年白紙에 옮기려니

작년에 뿌린 피는

금년 들에 야화野花로 피어

마음마음 돌아와 뿌리를 내리고

미역마냥 바위 위에라도 붙어서

나 자신의 정신 뒤에 닻을 내리고

소리 없이 먼 길을 가리라.

먼지마냥 떠오르지 말며

손은 생산에만 쓰기로

앞으로 세기의 항구는 오라.

내가 흘린 육십년六十年의 땀방울의 결실을

민족아! 송아지같이 젖 빨며

서로 속이지도 속지도 말며

앞으로 창창하게 살아가라.

— 〈기항지〉 전문

시의 내용을 보면 회갑을 자축하는 것이 아니라, "나 자신의 정신 뒤에 닻을 내리고/ 소리 없이 먼 길을 가리라"는 구절을 보아 그 어떤 다짐의 뜻이 담겨 있는 것이 아닌가 여겨진다. 그리고 민족에 당부하는 내용이 나오는데, 다소 유언에 가까운 내용이기도 하다. 지금까지 수많은 항구에 정박하고 또다시 떠나곤 했는데 이제는 출항을 멈출 때가 되었다는 것인가. 우리 민족이 "송아지같이 젖 빨며/ 서로 속이지도 속지도 말며/ 앞으로 창창하게 살아가라"는 당부는 왠지 유언 같다.

1956년에 7월 17일에 예술원상을 받고, 예술원 문학분과 회장에 피선된다. 1961년에 불교계에서 분쟁이 일어나자 조계사에서 나와 한동안 안국동에 있는 정이비인후과 의원에서 제자

유고시집 《공초 오상순 시선》의 표지 안쪽

심하벽과 함께 지낸다.

1962년 '서울시문화상' 문학부문 본상을 수상한다. 생전에 시집을 내 본 적이 없는 공초가 예술원상에 이어 서울시문화상을 받은 것은 그의 고매한 정신을 기리는 예우 차원의 상이었을 것이다.

10

온 국민이 애도한 죽음

1963년 2월 오상순은 고혈압성 심장병이 발병해 구상의 주선으로 메디컬센터의 무료병동에 입원했다. 20일 동안 입원해 있다가 퇴원하여 조계사로 왔지만 5월에 다시 병세가 악화되어 적십자병원에 입원, 의식을 잃은 지 10여 일 만인 6월 3일 밤 9시 37분, 봄비가 내리는 가운데 병원 1212호 병실에서 숨을 거두니 그의 나이 만 69세였다. 제자인 구현서와 오재근이 임종을 지켰다. 사람들은 폐암인 줄 알았지만 병명은 고혈압성 심장병이었다.

　장례위원장으로는 박종화가, 장례위원으로는 구상, 김광섭, 박진, 양명문, 이은상, 이인식 등이 정해졌다. 장지가 도봉구 수유리 산 127번지로 정해진 이유가 있다. 생시에 상순이 수유리 계곡에 가서 목욕한 적이 있었는데, 그때 수유리 산을 올려다보면서 혼잣말로 "내가 죽으면 이런 곳에 묻혔으면 좋겠다"고 한 적이 있었다고 한다. 장례위원들은 당국(박정희가 국가재건최고회의 의장을 하던 시기였다)과 급히 교섭하여, 국가가 소유하고 있던 이 땅을 100평이나 받아서 묘소를 마련할 수 있었다.

5일장이 문단장文壇葬으로 엄수되었다. 6월 7일 오전 10시, 조계사에서 60여 명의 승려가 독경讀經하는 것으로 장례식 행사가 시작되었다. 관은 세종문화회관 별관(구 국회의사당)으로 운구되었고, 1천여 명의 조객이 모인 가운데 영결식이 거행되었다. 국회의장도 아닌 문인의 장례식장이 국회의사당이었으니 파격 중의 파격이었다.

KBS교향악단의 진혼곡 연주, 장례위원장 박종화의 조사, 김광섭의 헌화, 승려들의 독경에 이어서 〈아시아의 여명〉과 〈방랑의 마음(1)〉이 낭독되었다. 김소희가 〈한잔 술〉이란 제목의 창唱을 했고, 모윤숙과 박목월이 조시弔詩를 읽었다. 이헌구와 홍종철이 조사를 함으로써 영결식은 끝났다.

영구차 행렬은 100호가 넘는 공초의 대형 초상화를 앞세우고 광화문과 안국동을 거쳐 돈화문까지 이르렀다. 20개의 조화와 60여 개의 만장輓章을 든 여학생들과 문인들이 뒤를 따랐다. 여기서부터는 서울시청이 내준 차량 5대에 300여 명이 나

스님들이 주도한 영결식 장면

뉘 타고 수유리의 묘소로 향했다. 오후 3시경에 공초의 유해는 수유리 묘소에 안장되었다. 우리나라 역사에 있어 이보다 더 성대한 문인 장례식은 없었다.

　제자들이 뜻을 모아 만든 시집 《공초 오상순 시선》이 1963년 6월 20일에 아세아문화사에서 간행되었다. 작고 17일 뒤였다. 사후에 부랴부랴 만든 것이 아니었다. 시인의 죽음을 예상하고 그 전해 가을부터 발간 준비에 들어가 있었다.

　시인의 묘소는 수유리 공원묘지에 있다. 수유역에서 마을버스 03번을 타고 종점까지 가면 거기가 빨래골이다. 계곡에서 흘러내리는 물줄기가 맑고 깨끗해서 그 옛날 궁중의 무수리들이 모여 빨래하던 곳이라고 한다. 종점에서 위로 조금 올라가면 '빨래골 공원 지킴터'라는 간판을 단 작은 사무실이 있다. 길을 따라 400미터쯤 올라가면 백암 배드민턴장을 끼고 오른쪽으로 올라가는 길과 왼쪽에 있는 화장실을 지나 곧장 올라가는 길로 나뉜다. 오른쪽 길은 넓은 반면 직진하는 길은 좁고 오붓한 등산로다. 좁은 길로 50미터쯤 가면 '공초空超 선생의 묘소'라고 쓴 조그만 안내석이 나타난다.

왼쪽의 약간 높은 지대에 철책을 두른 곳이 있다. 철책 앞에는 '공초 오상순 선생 숭모회'가 안내판을 세워 두었는데, 오래된 탓에 칠이 벗겨지고 낡았다.

무덤을 바라보는 방향으로 오른쪽에 오상순 선생의 시비詩碑가 있고, 왼쪽에 당간지주처럼 생긴 돌기둥을 세워 놓았다. 특이한 것은 무덤 앞 상석 왼쪽에 작은 돌확 같은 것이 있는데, 평소 애연가였던 공초 선생을 생각해 재떨이 대용으로 만들어 놓은 것이라 한다.

정방형 모양의 시비에는 대표작 중의 한 편인 〈방랑의 마음〉 첫머리를 새겨 놓았는데, 도안과 글씨체가 참 독특해서 뛰어난 예술작품으로도 손색이 없다. 도안은 박고석朴古石 화가가 했고, 글씨는 여초如初 김응현金應顯 선생이 썼다. 뒤에는 이렇게 적혀 있다.

묘소 가는 길에 있는 안내석

숭모회에서 세운 안내판

1894년 8월 9일 서울에서 태어나다.

1963년 6월 3일 돌아가다.

《폐허》지廢墟誌 동인으로 신문학운동에 선구가 되다.

평생을 독신으로 표랑하며 살다.

몹시 담배를 사랑하다.

유시집 한 권이 남다.

세상사에 얽매이지 않고 모든 것을 초월하며 살았던 오상순의 일생에 딱 어울리는 글귀라고 하겠다. 그렇게 거칠 것 없는 무애无碍의 삶을 이어간 특이한 일생이었다.

오상순 시인을 기리는 일에 앞장선 사람은 구상 시인이다. 오상순 시인이 고혈압성 심장병과 폐렴으로 적십자병원에 입원하자, 구상 시인은 생전에 시집이라도 한 권 내드려야 한다는 생각에 서둘러 시집 발간을 준비했다.

오상순의 시비와 무덤

오상순의 무덤 앞 돌확.
공초 선생을 위해
재떨이 대용으로 만들었다.

한국전쟁이 끝난 뒤 대구의 문인과 언론인들이 오상순을 초청해 특강을 들었다. 맨 아랫줄 왼쪽에서 세 번째가 구상, 오른쪽에서 네 번째가 조지훈, 오른쪽에서 다섯 번째가 오상순이다.

시집 후기를 구상이 썼는데 '계묘 양6월 1일癸卯 陽六月 一日'로 되어 있다. 하지만 제일 첫 장의 사진 밑에는 1963년 6월 3일 졸卒로 되어 있다. 즉, 구상 시인이 1963년 6월 1일자로 후기를 썼고, 오상순 시인이 돌아가신 것이 6월 3일이니 책만 보면 사흘 만에 만든 책이라고 생각할 수 있지만 6월 15일에 발행됐으니 사후 12일 만에 시집이 나온 것이다.

시비詩碑 또한 구상 시인이 제안하여 돌아가신 지 1년이 되는 1964년 6월 6일에 수유리 무덤 앞에 세웠다. 구상 시인은 '공초 오상순 선생 숭모회'를 만들어서 오랫동안 이끌었다. 특히 오상순 시인 30주기인 1993년에는 '공초문학상'을 제정하여 지금까지 〈서울신문〉사와 공동으로 주관하고 있다.

제1회 공초문학상 수상자는 이형기 시인이었다. 제21회

空超 吳相淳 先生

세상이 다 아다시피 空超 吳相淳선생의 그 삶을 현실적으로 살펴다면 그야말
로 친구른 갑았기에 그 업적과 행적을 거려 파괴의 문학상 같은 것을 설정한다
는 것이 오히려 부질없다 하겠다. 그럼에도 불구하고 어둠 밝기란 내일을 이
자리를 빌어 실토하면 저렇듯 초합은 삶을 사신 선생에게 無限創化의 潮彙彩
직간접으로 받은 세대들이 차츰 사라지고 나면 須臾도 없는 그 분인지라 지 永
魂로 묘소마저 寂寞이 될 우려가 없지 않아 그저 살아있는 제자들의 도리발쳐,
충정이발 수 밖에 없었던바, 이에 문학상을 제정 그 분을 기리기 위함이다.
아울러 본 상의 제정을 흔쾌히 승락하고 많은 도움을 준 서울신문사에 부한만
감사를 드리는 바이다.

1991년 10월 20일
空超 吳相淳先生 崇慕會
회장 具 常 합장

공초숭모회 초대 회장 구상 시인이 쓴 발기 취지문

시상식은 특별하였다. 2013년 6월 5일 공초문학상 시상식을
〈서울신문〉사에서 갖고(수상자 유안진), 오후에 공초 50주기
기념행사가 수유리 묘소에서 거행되었다. 2019년 제 27회 수
상자는 유자효 시인이었다.

문학상에 필요한 기금을 마련하기 위해 1991년에 기금 마련
행사를 열었는데, 이때도 구상 시인이 먼저 자신이 소장한 유
명 화가들의 그림을 내놓았다. 여기저기 화가들에게 연락해
그림을 모았다. 숭모회 초대회장은 구상 시인이었다. 그 당시

의 에피소드를 이근배 시인이 전해주었다.

프레스센터 1층 전시실에서 2주일 동안 기금 마련을 위한 그림 전시회를 열었는데 철수 이틀 전까지도 그림이 도무지 팔리지 않았다. 국내 몇몇 재벌가에 전화를 했으나 한 곳에서만 1천만 원 정도밖에 내놓지 않아서 화가 난 구상은 그 돈을 돌려보냈다. 구상은 이근배 시인에게 연락해 이렇게 말했다.

"큰일 났소. 공초문학상 제정은 물 건너 간 것 같소. 전시행사 사용료도 낼 수 없는 형편이오."

이근배 시인이 아이디어를 냈다.

"그림 몇 점을 팔아서는 기금 마련이 어렵습니다. 제가 아는 금성출판사 김낙준 회장이 통이 크고 문화사업에 의지가 있습니다. 연락해 보는 것이 어떻겠습니까?"

구상은 처음으로 전화상으로 김 회장의 목소리를 듣게 되었다. 김낙준 회장이 1억 3천만 원을 쾌척하여 그림을 일괄구매함으로써 문학상 기금이 마련되었다. 행사장을 빌려준 〈서울신문〉사에서는 그 뒤로 지금까지 공초숭모회와 함께 공초문학상을 운영하고 있다.

구상 시인 사후에 이근배 시인이 숭모회를 이끌었고, 매년 묘소를 찾아가 참배하고 있다. 공초 오상순 시인이 작고한 지 어언 57년이 되었다. 그의 문학정신을 기리는 일이 지금까지

공초숭모회 회장 이근배 시인

끊이지 않는 이유는 어디에 있을까. 머리말에서도 썼지만 이 책을 집필하게 된 계기는 사실 구상 선생님이 오상순 시인에 대해 여러 번 존경의 뜻을 담아 말씀하시어 궁금증이 일어났기 때문이기도 하다. 공초의 삶과 문학을 추적해 보니 그는 '기인' 이나 '괴물'로 간주될 분이 아니라 크나큰 정신이었다. 당나라의 이백과 두보도 세속에서 입신양명立身揚名을 추구하다가 잘 안 되어 세상을 떠돌았고, 그 과정에서 불멸의 시를 남겼다. 왕유와 소식은 큰 벼슬을 했다. 그런데 오상순 시인은 교단에 다년간 섰을 따름, 그 어떤 단체의 수장을 한 적이 없다. 생은 부평초 같은 편력이었고, 어느 종교 하나에만 몰두하지도 않았다. 그야말로 자유로운 영혼이었다. 그의 시가 그러했듯이.

장례식이 끝난 직후인 1963년 6월 7일에 '청동문학 동인회'

가 결성되었다. 공초의 죽음이 애통하고 그의 정신을 계승하자는 뜻에서 만든 모임이었다. 동인회 회장에 시인 조남두, 고문에 구상, 회원에 이근배, 심하벽, 송혁, 강우식, 이탄, 전호진, 박덕매, 남구봉 등이었다. 창간호는 같은 해 7월 30일에 자유문화사에서 출간됐다. 오상순 사후 두 달이 채 되지 않았을 때였다. 부랴부랴 낸 추모시집 《청동靑銅》은 50쪽밖에 되지 않지만 이은상, 설창수, 심재언, 김지향, 이근배, 이탄, 이수화, 이세방 등의 조시, 박종화와 박호준의 추도사, 구상의 조사弔辭가 실려 있어 공초를 추모하는 문집으로서 의미가 있다. 재정적으로 뒷받침이 되지 않아 창간호가 종간호가 되고 말았지만 이 모임은 공초숭모회 탄생의 밑거름이 되었다. 《청동》의 권두시는 오상순의 유고시였다.

잡는다

머물 세월이면

먼 세월 밉지 않고

올 세월 달가울 것 없어라.

문틈으로

사립을 지키며

간 곳 아들을 기다리는

어진 어버이의 귀를

싱거운 마을개가 어지럽히듯

이 밤이

서러워서는 못 쓴다.

노한 젊음들이

피로 쓴 글자들이 거품되게 않고

슬기로운 용맹이

휘황한 꽃으로 망울진….

서럽잖은 세월임에

손 모아

눈을 감고

이 세월을 보내자.

잡는다

머물 세월이면

간 세월 밉지 않고,

올 세월 달가울 것 없으라.

— 〈잡는다 머물 세월이면〉 전문

오상순의 초월과 무위의 사상이 잘 드러나 있는 시다. 세월을 탓하지 않겠다는 것은 죽음에 대한 두려움이 없다는 뜻이 아닐까. 이은상의 조시는 이흥렬이 곡을 붙였다.

고독은 그의 지기知己

공허는 그의 동반자

조용히 입을 다물고

침묵의 법문法文 외우면서

영원한 미소를 띠고

공초, 먼 길을 가다.

70년 인연집착

단숨에 뱉어버리고

해와 달과 별들 빛나는

금보장金寶藏 세계를 찾아

신비의 궁전 속으로

공초, 먼 길을 가다.

운무 자욱한 속에

주인은 인 곳 없고

‘아세아의 밤’ 시지詩紙 조각

바람에 펄럭일 뿐

달려와 빈상殯床을 만지며

선화仙化한 공초를 그리다.

— 이은상, 〈공초 먼 길을 가다〉 전문

　이 시는 오상순이 작고한 바로 다음날 쓴 조시이다.　시를 보더니 이홍렬이 소란스런 장례식장 국회의사당 행사장의 피아노로 걸어갔다.　피아노를 치면서 곡을 만들어 노래를 불렀다. 이 광경을 옆에서 본 이근배 시인은 지금도 이 노래를 기억하고서 매년 공초 추모제 때 묘소 앞에서 부르고 있다. 《청동》에 실려 있는 구상의 조사는 오상순의 생애를 짧게 요약한 명문이라 이 자리에 싣지 않을 수 없다.

　공초 오상순 선생께서 3일 밤 9시 37분에 운명하셨다.　와석臥席 임종하기까지 근 4개월 벌써 의식을 잃으신 지 10여 일이나 되고 곡기를 끊으신 지도 닷새나 되며 영양제 주사로 수족이 부어올라 엊그제부터는 중단하고 있어 이미 우리 〈그분을〉 모시고 있던 문제門弟들은 단념하고 있었다.

　이제 이 나라,　아니 동방의 현자 한 분은 가셨다.

공초선생은 하나의 종교를 창시하셨다거나 새로운 사상을 형성하였다거나 위대한 예술을 완성했다든지 하는 그러한 유실有實의 족적을 남기신 것은 아니고, 오히려 무교리의 종교가로, 초논리의 사상가로, 시작詩作 않는 시인으로 그대로 생을 자기 정신 속에서 투철시켜, 그야말로 완수完遂한 아성亞聖이라 하겠다.

실상 만년의 선생은 인생목자人生牧者로서의 면목을 갖추고 계셨다. 사람을 만나면 악수와 함께 '반갑고 고맙고 기쁘고'라는 축복을 줌으로써 가시방석 같은 현존의 자리를 꽃자리가 되게 하려고 하셨다. 그러나 이 축복에 목욕하기에는 우리들의 마음자리가 너무나 현존의 욕정으로 꽉 메워져 있었다. 그래서 선생께서는 탐욕이 없는 소년 소녀들을 더 즐거워하시고 항상 저들과 더불어 계셨다.

무일분無一分 무일물無一物로 종신하시던 선생께서도 이 순진무구한 젊음들과의 인간문답록인《청동문학》195권만은 소중히 간직케 하여 이를 남기셨다. 우리는 동서 어느 현금現今의 철인이나 시인이나 선사禪師에게서도 저렇듯 끊임없고 헤아릴 수 없는 형이상학적 문답자를 찾아내지 못한다.

선생은 종일 그 문제門弟들과 더불어 생의 제 1의적인 존재의 물음을 묻게 하고 자답케 하였던 것이다.

이것이 어느 교회나 사원이나 강단이 아니라 다방에 나가서서 담배연기 자욱한 그 속이 곧 교장敎場이 되었다.

공초선생의 경지를 함부로 살필 수는 없으나 기독교를 거쳐 불교에 입문하셨고 또 여기서도 당신은 뒤졌다. '空超'라고 하시나 대체로 불도佛道적인 세계로써 그 사상과 생의 완성은 완성을 기期하신 것으로 나는 안다. 이런 면에서 가톨릭교도인 나는 대척적인 믿음 속에 있으나 현대의 청준聽俊인 가브리엘 마르셀이 알베르 카뮈의 추도문에서 "저렇듯 인간으로서 더할 바 없는 무신자의 진실이 사후의 영관榮冠을 가져오리라고 가톨릭인인 내가 왜 믿지를 않겠느냐?"고 하였듯이 나야말로 선생의 "저 비할 데 없는 생의 완수"가 내세의 신의 영광 속에 깃들 일일 것을 믿어 의심치 않는다.

선생의 시신을 앞에 놓고 내가 당신의 사상이나 인간이나 예술이나 생활을 부질없이 적어 본들 무엇 하며 적을 것이 무엇이 있으랴! 더욱 가슴 찢는 당신의 생전에 시집을 엮어 이것을 보여드리고 쥐어드린다고 서두른 것이 산지사방散地四方한 원고를 겨우 모아 인쇄중인 이 마당에 숨지셨으니 이 작은 우리의 정신과 소망마저도 좌절되었구나!

어쩌면 이런 결말은 아무것도 스스로는 유표有表한 것을 남기시지 않으려던 당신의 본의에 합당한 것인지도 모른다.

　　　　　　　— 구상, 〈위대한 생의 완수자 - 공초 오상순 선생
　　　　　　　　　　　　　　　　　　　영전에〉전문1

《청동》 창간호 표지

　수많은 사람의 애도 속에 공초 오상순은 담배를 피울 수 없는 세상으로 가고 말았다. 70년 생애 내내 구름에 달 가듯이 살았던 그의 시비에 새겨진 "흐름 위에 보금자리 친 오 흐름 위에 보금자리 친 나의 혼"이라는 시구 그대로 그는 무위와 무애의 삶을 살았던 진정한 자유인이었다.

1　청동문학 동인회 (1963), 《청동》 제1집, 자유문화사, 46~47쪽.

부록 1

박호준, 박윤희 부녀가 재발견한 공초

오상순에 대한 새로운 평가가 이루어지다

이승하

오상순은 1920년에 창간된 동인지 《폐허》를 중심으로 활동한 시인으로 창간호에 〈시대고時代苦와 그 희생犧牲〉이라는 논설을 발표함으로써 한국 문단에 이른바 '폐허의식'이란 것을 불러일으킨 장본인이다. "우리 조선은 황량한 폐허의 조선이요, 우리 시대는 비통한 번민의 시대일로다"로 시작되는 이 글은 폐허의식이 허무나 절망이 아니라 새로운 생명의 창조와 결부된 것임을 밝혀 허무나 절망을 초극할 수 있는 일종의 방법론을 제시하였다.

오상순은 유학시절, 적지 않은 일본 지식인들과 교분을 쌓았다. 그 교분은 귀국 후에도 이어지고, 그로 말미암아 한·일 문화 교류에 적지 않은 영향을 미치게 된다. 오상순의 이력과 지적 활동, 나아가 동아시아 지식인들의 1920년대 활동 사항에 대한 중요한 글이 일본에서 나왔다. 교토조형예술대학에서 박사학위를 받은 박윤희 씨의 논문 〈오상순의 문학과 사상: 1920년대, 동아시아의 지적왕환知的往還〉은 오상순의 문학과 사상뿐만 아니라 1920년대 한·일·중·만주 4개 지역 지식인의 지적 교류 양상까지도 알 수 있는 뜻 깊은 논문이다.

지금까지 국내에서 오상순은 연구나 평가의 대상이라기보다는 흠모의 대상이었다. 박윤희 씨의 논문은 앞으로 좀더 치밀하게 행해져야 할 오상순의 문학과 사상 연구에 있어 이정표의 역할을 하리라 믿는다.

박윤희 씨는 1992년에 중앙대 문예창작학과와 예술대학원 문학예술학과를 졸업하고 일본 유학의 길을 떠났다. 2006년에 〈오상순의 문학과 사상: 동아시아의 교류〉로 석사학위를 받았고, 이 논문으로 교내 최우수 논문상을 수상했다. 그리고 2008년에 오상순 연구의 범위를 1920년대로 집중시켜 박사학위를 받았다. 논문은 도쿄대 명예교수이자 교토조형예술대학교 학장인 하가 토오루芳賀徹 교수의 지도로 작성되었다. 수필가 고 김소운金素雲과도 친분이 두터웠던 하가 토오루 교수는 윤동주, 정지용 등을 비롯한 한국의 근대 시인들뿐만 아니라 루쉰魯迅, 저우쭤런周作人 등 중국 지식인들에 대해서도 해박한 지식을 가졌으며, 비교문화사 관점에서 많은 후학들을 지도하고 있다.

박윤희 씨의 논문은 오상순의 젊은 시절의 행적을 따라 수집한 실증적 자료를 바탕으로 서술했다는 데 의의가 있다. 논문은 우선 오상순의 일본 유학 당시(1912~1917) 도시샤(同志社)대학의 재직 교원 자료, 이수과목 등 수업 내용, 성적 기록 등을 근거로 하여 도시샤대학 신학부 학생으로서 오상순의 지적 체험을 밝혔다. 또한 1910년대 말, 오상순이 일본 유학을 택하기까지의 시대적 배경은 물론 유학지로서 도쿄가 주류를 이루던 당시, 오상순이 교토를 선택했던 이유에 대해서도 살펴보았다.

논문은 또한 〈방랑의 북경〉이란 시에 주목하고 있다. 일본 유학을 마친 직후인 1918년 북경에서 쓴 이 시는 현재까지 발간된 오상순의 어떤 작품집에도 수록된 적이 없다. 이번 연구 과정에서 새롭게 발굴한 작품 〈방랑의 북경〉은 문학작품으로서 시적 완성도를 떠나서라도 오상순이 중국에서 남긴 행적을 뒷받침하기 위한 근거 자료로 큰 의미를 지니고 있음을 박윤희 씨는 강조하고 있다.

논문에서 가장 흥미로운 부분은 젊은 시절 오상순이 북경에 있는 저우쭤런의 집에 기거하면서 루쉰, 예로센코 등과 교류했다는 사실이다. 논문은 저우쭤런의 일기, 조선총독부 조사 기록, 그리고 오상순이 에스페란토 대회 후 루쉰, 저우쭤런 등

16명과 함께 찍은 단체사진 등을 근거로 하여 에스페란토와 아나키즘과 관련해 오상순이 북경에서 활동했던 내용을 밝히고 있다.

그 외에도 1922년에 오상순이 북경에 머물면서 '신촌新村', '이상촌理想村', '새로운 마을新しき村' 운동에 관여했고, 1923년에는 간도 소재 '동양학원'의 강사로 초빙되어 서양철학사와 철학개론을 강의했다는 사실을 새롭게 밝혔다. 논문은 오상순이 관여했던 에스페란토, 아나키즘, 바하이교, '새로운 마을' 운동, 민예운동 등이 그 시대에 갖는 의미를 고찰했고, '지知'와 '지식인知識人'의 본분을 재고해 보는 것으로 결론을 맺고 있다.

박윤희 씨가 오상순의 문학과 삶이 지니는 문학·문화사적 가치에 주목하고 약 10년 간 공초의 젊은 시절 행적을 조사하게 된 계기는 선친인 고 박호준 시인의 영향이 컸다. 오상순 사후부터 '공초숭모회'가 결성되기 전까지 약 20년 간 사재로 《오상순 시선》 발행을 위한 기초자료 수집에 실질적인 역할을 했다. 박호준은 발로 뛰어다니며 각 신문과 문예지 등에 흩어져 있는 오상순의 작품들을 찾아내어 《공초 오상순 시선》을 펴냈다. 오상순의 육필원고로 갖고 있던 〈아시아의 마지막 밤 풍경〉 등 선친이 남긴 자료들을 바탕으로 하여, 실제와는 많이 다르게 실려 있는 《공초 오상순 시선》의 작품들을 바로잡는 것

월간 《문학사상》 오상순 특집호 표지

을 박윤희 씨는 다음 연구과제로 삼고 있다.

국내에서 오상순 연구는 일천하지만 숭모의 염念은 예나 지금이나 변함없이 이어지고 있다. 오상순 사후, 지인들과 후학들이 모여 결성한 '공초숭모회'(초대 회장, 구상 시인)에서는 해마다 추모제를 열고 있다.

2009년 6월 4일에도 46주기 추모제가 수유리 빨래골 공초 묘소에서 진행됐다. 특히 이날은 혜화여고 학생들이 교장선생님의 인솔로 참석하여 오상순 시인에 대한 설명을 들었고, 참배에 임하여 고등학교 때 국어교과서에 실린 〈짝 잃은 거위를 곡하노라〉라는 오상순의 글을 배운 기억을 되살리기도 했다.

공초숭모회에서는 1993년, 작고 30주년 및 탄생 100주년을 기념하여 '공초문학상'을 제정, 그해부터 해마다 기일 무렵에 맞춰 시상식을 갖고 있다. 2009년 제 17회 수상자 신달자 시인에 대한 시상식이 추모제와 같은 날 프레스센터 19층에서 있었다. 공초문학상 시상은 〈서울신문〉사 주관으로 시상식장에는 〈서울신문〉사 사장, 강북구청장, 공초숭모회 당시 회장 성찬경 시인이 참석했고, 수상자의 문단 선후배인 허영자, 김지향, 유안진, 김유선 시인 등이 참석해 축하해 주었다.

공초는 평생을 독신으로 집도 없이 표랑했는데, 주로 서울 시내 다방에서 방명록을 갖고 다니며 지인들과 후배들한테서 그 방명록에 글과 그림을 받고는 했다. 방명록의 이름은 《청동문학》으로 수십 권이 만들어졌지만, 문학적 가치를 따지기는 어려워 학문적으로 연구되지는 되지 않았다. '공초'하면 그의 작품에 대한 평가보다는 시인의 표랑과 기행, 지독한 담배 사랑과 《청동문학》에 대한 지인의 추억 같은 것이 대신한다.

1921년 기독교에서 불교로 개종한 오상순은 조선중앙불교학교와 보성고등보통학교 교사 생활을 했지만 오래가지는 못했다. 그는 8·15 광복의 날까지도, 그 이후에도 방랑 생활을 했다. 담배를 하루에 20갑 피운 신화(?)를 남긴 시인은 종교와 연령, 사회적 지위의 고하를 막론하고 폭넓은 교우관계로 《청

제17회 공초문학상 시상식에서. 왼쪽부터 서복희, 허영자, 신달자, 유안진, 김지향, 김유선 시인.

동문학》의 시대를 열었다. 1945년부터 주로 서울에서 생활한 시인은 역경원 등을 전전하다 말년에는 조계사에서 지냈다.

1963년에 작고하자 유해는 제자인 구상 시인의 노력으로 수유리에 안장되었고, 시비에는 시 〈방랑의 마음〉의 첫머리가 새겨졌다. 스물다섯 살 아래인 구상은 직접적인 사제관계는 아니었지만 평생 오상순을 스승으로 모시며 따랐다. 오상순 사후에 박호준 시인과 함께 유고시집 《공초 오상순 시선》의 발간에도 노력을 기울였고, 공초숭모회 결성 및 공초문학상 제정에도 결정적 역할을 했다.

구상은 오상순에 대해 "공초 선생은 무교리의 종교가요 초논리의 사상가요 시를 몸소 체현한 현대 한국이 낳은 아성亞聖이다"라고 말했다. 오상순에 대한 가장 적절한 평가일 것이다.

《문학사상》(2009. 8)

오상순의 문학과 사상

1920년대, 동아시아의 지적 교류

박윤희(朴允姬) 일본 교토조형예술대학 비교예술학 연구센터 연구원

'오상순' 다시 읽기의 의의

청년 오상순의 행적을 연구한다는 것은 문학·문화사적으로 어떠한 의미가 있을까.

《폐허》 동인 시절 이후 〈아시아의 마지막 밤 풍경〉, 〈폐허행〉, 〈백일몽〉, 〈해바라기〉 등을 발표하면서 폭넓은 인식의 세계와 독특한 문학적 상상력으로 독자적이고 독창적인 문학 세계를 구축한 공초였으나, 그에 대한 선행연구 어디에서도 젊은 시절의 행적은 찾을 수가 없다.

1920년 《폐허》 동인을 결성했을 스물다섯 살 무렵, 이미 공초의 문학관과 가치관, 세계관이 확고하게 구축되어 있었고, 공초에게 있어 그 후 40여 년의 시간은 자신의 독자적인

인식 세계를 끊임없이 단련하고 재검토하는 시간이었다고 생각한다면 그의 유년기부터 청·장년기까지의 행적은 오상순 연구의 가장 핵심적인 부분이라 할 수 있다.

이에 필자는 일본 교토조형예술대학에서 박사논문[1]으로 오상순론을 쓰는 과정에서 일본과 중국, 한국과 연변에 남아 있는 공초에 관한 자료를 다수 입수, 지금까지 거의 알려지지 않았던 공초의 유년기부터 일본 유학까지의 지적 성장기(1894~1917), 그리고 일본 유학 이후부터 청·장년기까지의 사회·문화 활동기(1918~1930)의 행적을 파악하는 데 연구의 초점을 맞추었다. 그리고 연구 결과, 오상순의 청·장년기까지의 삶에는 한국의 지적 근대화 과정이 선명히 각인되어 있음을 확인할 수 있었다.

우선 1894년, 서울 장충동에서 태어난 오상순이 서당, 그리고 종로 소재의 어의동소학교, 미션계 경신학교를 다니며 거쳤던 지적 성장의 과정은, 한국의 본격적인 신교육 제1세대가 갑오경장 직후부터 한일합병 직전까지 경험했던 지적 근대화 과정의 일례로 중요한 의미를 갖는다. 또한 1911년, 사비 유

---

1   졸고(2008), 〈오상순의 문학과 사상: 1920년대, 동아시아의 지적왕환〉, 교토조형예술대학 대학원 박사학위논문.

박윤희의 박사학위논문 표지

학생 신분으로 도일한 오상순이 교토의 도시샤대학 신학부에
서 약 6년간 종교철학을 전공하며 체득한 많은 지식은 1910년
대에 한국과 일본에 형성된 지적 영향관계를 설명하는 데 중요
한 사례가 된다.

뿐만 아니라, 1920년대에 일본, 중국, 한국, 구 만주지역을
왕래하면서 각국의 지식인들과 활발하게 교류했던 청년 오상
순의 지적 활동 역시 정치・종교・사회・문화 등 실로 다양한
분야에 걸쳐 그 행적이 속속 드러나고 있다. 특히, 당시 한・
중・일을 중심으로 한 동아시아의 신문화 운동 전파에 있어서
도 오상순이 차지하는 비중이 적지 않았던 것으로 파악되고 있
어 그의 청・장년기의 삶이 지니는 문화사적 비중은 더욱 커지

고 있다.

1920년대, 오상순은 문학과 철학과 종교에 대한 학문적 탐색의 힘으로 질곡의 시대를 관통한 조선의 청년시인이었다. 그의 시와 삶의 이면에 새겨진 '지知'의 역사, 그리고 시대의 결을 복원하는 작업은, 단순히 한 사람의 한국 근현대 지식인이 거쳐 온 삶의 궤적을 파악한다는 의미를 넘어, 1920년대 동아시아의 지식인들이 공명했던 지적 공감대의 본질을 밝히는 작업으로까지 이어지고 있다.

이 글은 이상의 연구 결과에 대한 보고의 일부로, 1920년 《폐허》 창간을 전후로 한 공초의 일본 관련 행적을 중심으로 한다.

1920년대, 오상순과 일본, 그리고 동아시아

25세 전후의 청년 지식인 오상순이 관여했던 신문화 운동과 1920년대 당시 오상순을 비롯한 한·중·일의 젊은 지식인들 사이에 형성되었던 친밀한 지적 교류 관계는 두 통의 편지에서 그 윤곽이 드러난다.

1939년, 45세의 오상순이 20여 년 전의 일을 회고하며 쓴 이 편지들은, 일본 〈시라카바〉파白樺派의 중심 멤버이자 민예운동을 선도했던 야나기 무네요시柳宗悅, 그리고 도쿄 나카무라야中村屋의 중심인물이자 극작가인 아키타 우자쿠秋田雨雀에게 각각 보낸 것이다. 일견 일상적인 안부편지로 보이지만 편지 본문에 거론된 20여 명의 지식인들이 누구이고, 어떠한 활동을 한 인물들이며, 그들과 오상순과의 관계가 얼마나 밀접했는가를 파악함으로써 이 두 통의 편지는 청·장년기 오상순의 행적을 가늠하게 해 주는 첫 단서가 된다.

1) 오상순의 〈편지 1〉 — 민예운동과 '조선음악회'

우선 야나기 무네요시에게 쓴 편지에 등장하는 인물부터 일별해 보자. 〈편지 1〉에는 총 18명의 이름이 언급되어 있는데, 대부분이 〈시라카바〉파의 중심인물들이다. 1910년 야나기 무네요시, 시가 나오야志賀直哉, 무샤노코지 사네아츠武者小路實篤, 등이 중심이 되어 창간한 《시라카바》는 대정大正 초기, 일본 데모크라시의 문화 경향을 대표하는 문예 잡지이다. 이상주의, 생명주의, '개성' 존중을 작품 철학의 모토로 한 구성원들의 다양한 활동은 문학뿐만 아니라 미술·음악·연극·철학 등 다방면에서 두각을 드러냈다. 특히 세잔과 로댕, 고흐, 르누아르 등 해외의 미술가와 그들의 작품을 일본에 소개하는 데 절대적인 역할을 했다.

지금도 일본의 미학·미술사·문화사를 전공하는 연구자들에 의해 끊임없이 재평가되는 〈시라카바〉파의 멤버 중 오상순의 〈편지 1〉에 등장하는 3인, 즉 야나기 무네요시의 부인이자 성악가인 야나기 가네코柳兼子, 영국 출신의 도예가 버나드 리치Bernard Howell Leach, 그리고 조선 공예품의 가치를 일본에 알리는 데 결정적 역할을 했던 아사카와 다쿠미淺川巧 등은 그 활동의 중요성이 새롭게 재조명되는 주요 인물들이다.

또한 〈편지 1〉에는 대정 초기, 일본 전역으로 파급되었던 '새로운 마음' 운동의 주창자 무샤노코지 사네아츠武者小路實篤와 선禪 사상을 서양에 처음 소개했던 불교학자 스즈키 다이세츠鈴木大拙 등의 이름도 나온다. 이처럼 1920년대 당시 일본의 문화계를 주도했던 핵심 인물들이 오상순과 교류한 인물로 언급되고 있다는 것은, 일본과 관련된 오상순의 지적 활동의 범위와 수준이 그만큼 폭넓고 높았음을 의미한다.

〈편지 1〉에서 주목해야 할 또 한 가지는 오상순이 남궁벽, 염상섭, 변영로, 이병도 등 〈폐허廢墟〉파 멤버들의 근황에 대해 상세하게 쓰고 있다는 점이다.

1910년대 말부터 야나기 무네요시와 시가 나오야, 무샤노코지 사네아츠를 비롯한 〈시라카바〉파의 멤버들과 조선의 〈폐허〉파 문인들이 빈번하게 접촉하기 시작했으며, 그 직접적인

계기가 된 것이 1919년에 발표된 야나기 무네요시의 글 〈조선 사람을 생각한다朝鮮人を思ふ〉(〈요미우리讀賣신문〉, 1919. 5. 20~ 24)였다는 것은 널리 알려져 있는 사실이다. 그러나 이들의 지속적인 만남이 문학의 영역뿐만 아니라 1920년대 일본과 조선에서 전개된 신문화 운동 전반에 걸쳐 중핵적 역할을 했다는 것에 대한 구체적인 검토는 지금까지 이루어진 적이 없다.

또한 〈시라카바〉파와 〈폐허〉파의 문학적 교류관계가 어느 한쪽의 영향을 다른 한쪽이 일방적으로 수용하는 것이 아니라, 상호보완적 관계였으며 일본과 조선, 그리고 중국을 배경으로 전개된 다양한 신문화 운동 실현에서도 오상순을 비롯한 조선 측 지식인들이 매우 능동적이고 적극적이며 주체적 자세를 취하고 있었다는 것은 많은 연구자들이 간과하는 부분이다.

그러나 야나기 무네요시의 민예운동 전개과정만 보더라도 일본과 조선, 양측의 지식인들이 상호간에 매우 건전한 지적 자극제 역할을 했음을 확인할 수 있다.

우선, 일본 당국이 조선에 행사하고 있는 식민통치 방식의 잔혹성과 문제점들을 폭로하고, 조선의 역사와 예술에 대한 경의, 그리고 사과의 마음이 담긴 글을 연이어 발표하는 일본의 젊은 미학자 야나기 무네요시(당시 일본 동양대학 철학과 교수)의 집에 비교적 먼저 출입하기 시작한 것은 와세다早稻田대학에 재학 중이었던 남궁벽이었다. 당시 〈동아일보〉 기자였던 염상섭은 1920년 봄에 남궁벽의 소개로 야나기 무네요시를 만났다.

기록에 의하면 같은 해 4월, 변영로와 오상순, 그리고 야나기 무네요시 3인이 도쿄 요요기代々木에 있는 남궁벽의 하숙집을 방문했다고 한다. 남궁벽은《폐허》제2호에 실린 〈정情의 오군吳君〉(1921)이라는 글에서 이날 변영로와 함께 자신의 하숙집을 찾아온 야나기 무네요시의 소개로 오상순을 처음 만나게 되었다고 회고했다.

1919년 5월에서 1920년 4월까지 약 1년 사이에 이루어진《폐허》동인들과의 만남을 계기로 야나기 무네요시는 〈동아일보〉에 〈조선 사람을 생각한다〉를 연재하게 되었다(1920년 4월 12일부터 6회. 조선어 역). 그리고 이 무렵부터 〈동아일보〉와 경성 기독교청년회, 그리고《폐허》동인들의 주관 아래 야나기 무네요시의 강연회가 경성에서 열리게 되었다.

뿐만 아니라 야나기 가네코 역시 경성에서 독창회를 기획·실현하게 되었다. 1920년 5월에 시작된 이래 약 10년간 꾸준히 개최되었던 야나기 가네코의 독창회(이하, '조선음악회')는 조선에서 열린 첫 서양식 음악회인 만큼 세간의 많은 관심과 이목을 끌었다. 마치 축제 같았던 당시의 정황은《폐허》제2

호에 실린 민태원의 소설 〈음악회〉(1921)의 소재가 되기도 했다. 그리고 종교와 예술, 조선의 공예를 주된 테마로 한 야나기 무네요시의 강연회 역시 매회 1천여 명에 이르는 청중이 모였던 것으로 기록됐다.

'조선음악회'는 '조선 민족박물관' 건립을 위한 기금으로 그 수익금 대부분이 쓰였으며, 이는 야나기 무네요시가 선도한 민예운동의 기초 동력이 되었다. 이 같은 일련의 과정은, 야나기 무네요시가 구상하던 민예운동을 무사히 착수하고 진행시키는 데 있어 〈폐허〉파 멤버들의 역할이 막중했음을 증명하는 것이라 하겠다. 특히 민예운동 실현에 빼놓을 수 없는 인물로 손꼽히는 아사카와 다쿠미와 오상순과의 관계는 주목할 필요가 있다.

"조선을 사랑하여 조선의 흙이 된 일본인"으로 알려진 아사카와 다쿠미(조선공예 전문가)는 자신의 수필에서, 당시 《폐허》 동인이자 정동교회의 전도사로 활동하면서 경성 기독교청년회의 번역 일 등을 맡고 있던 오상순을 가리켜, 속내를 털어놓을 수 있는 친구라고 묘사했다. 그의 일기에도 역시 오상순과 함께 밤늦도록 '조선음악회'와 야나기 무네요시의 경성 강연회 준비에 관한 이야기를 나눴다든가, '새로운 마을' 운동에 대해 토론했다는 내용이 여러 번에 걸쳐 언급됐다.

이는, 오상순이 일본의 민예운동과 '조선음악회' 등의 신문화 운동 실현에 적극적으로 관여했음을 유추할 수 있는 근거가 되며 이 같은 사실은 오상순이 1920년 5월 13일에 열린 '조선음악회'의 연회에서 야나기 무네요시와 함께 찍은 사진으로도 재확인된다.

실제로 오상순과 야나기 무네요시, 아사카와 다쿠미와 남궁벽 4인은 '조선음악회'와 민예운동을 이끈 핵심 인물이라고 해도 과언이 아닐 정도로, 행사의 기획과 준비, 진행에 관한 모든 과정을 함께 했으며 〈시라카바〉파와 〈폐허〉파의 다른 멤버들 중에서도 유독 친분이 두터웠다. 야나기 무네요시의 조선 관련 자료에는 오상순과 아사카와 다쿠미, 그리고 야나기 무네요시 3인이 1922년에 요절한 남궁벽의 묘소를 참배했다는 내용이 빠짐없이 기록됐으며, 오상순이 야나기 무네요시에게 쓴 〈편지 1〉도 남궁벽보다 약 10년 뒤인 1931년에 세상을 떠난 아사카와 다쿠미의 죽음을 애도하는 내용이 큰 비중을 차지한다.

오상순은 이 같은 교류관계가 이념이나 사상, 정치적 목적을 넘어선 상호간의 신뢰와 존경, 그리고 예술에 대한 이해를 바탕으로 하는 것이었음을 〈편지 1〉, 다음의 인용 부분에서 밝혔다.

야나기 무네요시 선생

… 15여 년 만에 경성에 돌아왔습니다. 얼마 전 개성박물관의 고유섭 군을 만나 선생의 비교적 최근 소식을 들었습니다. … 선생을 상기함과 동시에 떠오르는 이들의 모습이 꿈인 듯 생시인 듯 눈앞에 어른거립니다. 또한 선생을 중심으로 맺어진 당시의 아름답고도 그리운 역사적 인연이 다시 떠올라 깊은 감회에 잠겨 봅니다. … 역사적으로 인연 깊은 조선의 예술에 대한 선생의 무한한 사랑과 이해와 동정, 그리고 그 부흥과 재현에 대한 선생의 신념과 건투 위에 신의 가호가 함께 하기를 바라며, 미력하나마 불초한 저 역시 함께 할 수 있기를 염원하는 바입니다. …

— 《近代朝鮮文學日本語作品集 1939~1945

評論・隨筆 3》(綠陰書房, 2002, 497쪽)

2) 오상순과 〈편지 2〉 ─ 에스페란토와 바하이교

"아름답고도 그리운 역사적 인연"이라는 표현을, 오상순은 같은 시기 아키타 우자쿠에게 쓴 또 한 통의 편지(이하 〈편지 2〉)에서도 사용했다. 또한 〈편지 2〉의 다음 인용 부분에서 아키타 우자쿠秋田雨雀에 대한 오상순의 존경의 마음이 매우 크고 강했음을 읽어 낼 수 있다. 발췌한 부분을 보자.

아키타 우자쿠 선생

… 20여 년 만에 경성 땅에서, 그것도 춘향전의 재현자로서의 선생을 뵐 수 있었던 것은 실로 오랜 시간 추모하고 염원했던 바가 아름답고 정겹게 실현된 것이라 하겠습니다. 민족적으로 개인적으로 고전화되어 가는 역사적 예술과 우애가 현대적 호흡을 통해 마음과 마음의 접촉, 생명과 생명의 교류와 재현의 계기로 이어지고, 그로 인해 영원히 사는 기쁨과 아름다움을 느낄 수 있다는 것은 실로 고귀한 감동과 감사 그 자체입니다. 선생을 중심으로 맺어져 아름다운 인연이 되었던 이들의 모습을 한없이 그리워하며 상기해 보는 기쁨과 행복 역시 두고두고 잊을 수가 없습니다. 좀 우스운 이야기입니다만 선생도 일본인입니까? 선생은 단순한 일본인이 아닙니다. 이것은 저의 신념입니다. 고결하고 원숙한 인격의 위력으로 일본, 조선, 그리고 세계의 교화를 위한 마지막 봉사자가 되어 주시길 진심으로 기원합니다.

소화 14년 6월 오상순 배상

— 《近代朝鮮文學日本語作品集 1939~1945

評論・隨筆 3》(綠陰書房, 2002, 497쪽)

우선 오상순에 의해 "당신은 단순한 일본인이 아닙니다"라고 평가된 아키타 우자쿠에 대해 알아볼 필요가 있다. 아키타 우

《近代朝鮮文學日本語作品集》표지

자쿠(1883~1962)는 와세다대학 영문과를 졸업했으며, 오상
순보다는 열한 살 위였다. 일본 프롤레타리아 문학운동의 선
구자로 손꼽히는 인물이지만 1920년대 중반부터 본격화된 일
본의 사회주의자 색출 및 처단 등의 영향으로 인해 주요 작품
들이 금서 조치당하거나 압수되었다. 주로 희곡과 동화를 창
작했으며, 사회의 부조리와 모순을 고발하는 내용이 대부분이
다. 대표작인 희곡 〈해골의 무도骸骨の舞踏〉 역시 1923년 9월에
발생한 관동대지진 당시 많은 조선인과 중국인들이 무고하게
학살되었던 사건을 소재로 했다.

"일본 사회의 양심으로 살고 싶다"는 말을 남겼던 아키타 우
자쿠의 문화적 활동은 문학뿐만 아니라 신극 운동, 에스페란
토 운동, 사회주의 운동, 바하이교 보급 등 그 영역을 일일이
구분할 수 없을 정도로 광범위하다. 특히 도쿄 '나카무라야' 사

람들과 함께, 인도, 러시아 등지에서 망명해 온 지식인들 보호에 힘썼으며 이로 인해 늘 일본 당국의 감시를 받았다.

아키타 우자쿠의 일기를 보면 그가 조선 유학생들과도 자주 접촉했음을 알 수 있는데, 1919년 3·1운동 직후에 조선총독부의 추적을 피해 '나카무라야'를 찾아왔던 조선 여성에 관해서도 짧게 언급됐다.

오상순과 아키타 우자쿠의 만남이 언제, 어디서, 무엇을 계기로 시작되었는지는 알 수 없다. 그러나 두 사람의 만남에 '나카무라야'라는 장소가 특별한 의미를 갖고 있음은 분명하다. 일명 '나카무라야 살롱'으로 불렸던 이곳은 수필가인 소마 고우코相馬黒光 부부가 운영하는 제과점 '나카무라야'의 2층에 마련된 일종의 문화 살롱이었다. 인도, 아프리카, 대만, 러시아, 영국 등 다양한 국적의 선진 지식인과 일본의 젊은 예술가가 자유롭게 모여 정치, 종교, 사회, 문화에 대한 정보를 나누며 토론하고 소규모의 작품 발표회 등을 하던 '나카무라야'는 대정大正 초기, 일본 신문화의 산실이라고 해도 과언이 아니었다.

아키다 우자쿠 역시 '나카무라야'에서 대본 낭독회를 열거나 〈시라카바〉파의 구성원들이 준비한 소규모 미술 전시회를 감상했던 일, 그리고 인도의 시인 타고르가 '나카무라야'를 방문했던 때의 일화 등을 일기에 상세하게 적었다. 오상순도 아키다 우자쿠에게 쓴 〈편지 2〉에서 소마 고우코를 비롯한 '나카무라야' 사람들과의 추억을 회상하고 그들의 안부를 상세히 묻고 있는 것으로 보아 젊은 시절의 오상순이 '나카무라야'에 모인 다양한 국적과 분야와 성향의 인물들 및 문화적 환경으로부터 받은 지적 자극이 적지 않았을 것으로 생각된다.

특히 '나카무라야'는 오상순이 에스페란토와 바하이교를 접하게 된 장소로 가장 유력하다는 점에서도 주목해야 할 필요가 있다. 오상순이 어떠한 경로로 에스페란토를 배웠는지, 또 누구에게 바하이교를 접하게 되었는지를 밝히는 것은 한국 근대 문화사의 일각을 밝히는 데 매우 중요한 의미를 갖는다. 왜냐하면, 오상순은 한국에 에스페란토를 보급시킨 첫 인물이며, 바하이교를 처음 소개한 장본인이기 때문이다.

우선 한국 에스페란토사史에 관한 자료라면 어디서든지 "1920년, 안서 김억, 춘원 이광수, 공초 오상순이 일본에서 에스페란토를 배워 와 처음 보급시켰다"[2]는 내용을 쉽게 찾아 볼 수 있다. 그러나 그동안 에스페란토에 대한 관심 자체가 학계로부터 멀어져 있었으며 오상순에 대한 연구도 전혀 진행되지 않았다는 이유 등으로 인해 오상순이 에스페란토를 도입·보

---

2   이종영(2003), 《한국 에스페란토 운동 80년사》, 한국에스페란토협회.

급시킨 인물이라는 사실 자체가 별로 주목받지 못했다.

하지만 지금의 상황과는 달리 1920년대 당시 선진적 지식인들에게 에스페란토는 반드시 갖춰야 할 교양언어였고, 자주독립과 사회변혁을 위한 필수적 무기였으며, 폴란드나 헝가리 같은 제3세계 문학을 접할 수 있는 유일한 지적 도구였다.

톨스토이는 에스페란토의 평등사상과 상호이해의 정신에 대해서 "에스페란토를 널리 펼치는 것은 신의 나라를 만드는 것이다"라고 했으며, 로맹 롤랑은 "에스페란토는 인류 해방의 무기이다"라고 했다. '한 민족 두 언어주의', 즉 같은 민족끼리는 자신들 고유의 민족어를 쓰고 다른 민족과의 교류에서는 국제공통어를 사용함으로써 언어로 인한 힘의 불균형을 없애자는 취지의 에스페란토는 1920년대 후반, 조선의 지식인들에게도 빠르게 흡수되었다. 독립운동가 이재현, 곤충학자 석주명, 소설가 홍명희, 사회학자 홍형의 등 다양한 분야의 지식인들이 다양한 목적에 의해 에스페란토를 배웠다.

오상순이 다른 조선의 지식인들보다 먼저 에스페란토를 배울 수 있었던 것이 정말로 '나카무라야'에 형성된 선진적인 문화적 분위기 때문이었다고 한다면 오상순의 〈편지 2〉에 등장한 '나카무라야' 사람들 중 가장 주목해야 할 인물은 러시아의 시인 예로센코Vasilli Yakovlevich Eroshenko이다. 오상순보다 다섯 살 정도 나이가 많았던 예로센코는 네 살 때 실명했으나 독학으로 에스페란토를 배운 뒤, 1914년에 일본으로 건너가 일본에 처음으로 에스페란토를 보급시킨 인물이다. 아키다 우자쿠를 비롯하여 일본의 많은 지식인들이 예로센코에게 에스페란토를 배웠는데, 오상순 역시 같은 경로로 에스페란토를 배웠을 가능성이 매우 크다.

만일 오상순이 예로센코에게 에스페란토를 배운 것이 확실하다면 이는 오상순이 신문화를 수용했던 속도가 동시대의 일본 지식인들과 같았다는 것을 의미한다. 즉, 1920년대 조선과 일본 사이의 문화전파의 구조는 '일본을 통해서'가 아니라 '일본과 함께' 이루어지고 있었던 것이다. '문화'는 살아 있는 생명체이며 그 생명체를 움직이는 주체는 '지역'이 아니라 '사람'이라는 것을 민감한 지적 반응체 '오상순'을 통해 실감할 수 있는 부분이다.

일본을 찾아온 러시아인에 의해 일본인과 조선인이 동시에 '에스페란토'라는 하나의 문화를 습득했다면 바하이교는 일본을 찾아온 미국 여성 아그네스 알렉산더Agnes Alexander를 통해, 그리고 오상순을 통해 한국에 전파된 또 하나의 신문화이다.

우선, 이름조차 생소한 종교 바하이교에 대해 알아보자. 바하이교는 19세기 중반, 이란의 바하 울라가 창시한 일신교이다. 인류의 평화와 통일을 궁극적 목표로 하고 있으며 진리의 자기탐구, 남녀평등, 일부일처제, 과학과 종교의 조화, 편견 배제, 교육의 보급, 국제보조어의 사용, 극단적인 빈부의 차이 배제, 각국 정부와 법률의 존중(폭력혁명의 부정), 알코올이나 마약 금지 등의 계율이 있다.

세계적인 보편 종교의 성격을 갖는 바하이교는 타종교를 배척하지 않는 관용의 사상을 중요시하며, 상대를 개종시키기 위한 목적의 포교 활동을 금하고 있다. 3

바하이교 관련 자료4에는 오상순이 일본 유학시절에 알게 된 알렉산더를 도와 조선에 바하이교를 전파할 수 있도록 힘썼던 과정이 매우 상세하게 나온다. 1921년 8월, 알렉산더는 조선에도 바하이 신앙을 전파하고자 경성을 방문했으며, 정동교회의 전도사 오상순을 찾아갔다. 오상순의 알선으로 알렉산더는 〈동아일보〉에 바하이교를 소개하는 글을 실을 수 있었으며 1921년 9월 9일, 조선에서는 처음으로 바하이 집회를 열게 되

3 Kennedy, R. (1987), *International Dictionary of Religion*, Crossroad Publishing Company. 山我哲雄 역(1991), 《世界宗教事典》, 教文館, 참조.
4 Sims, B. R. (1996), *RAISING THE BANNER IN KOREA —An Early Baha'I History*, Tokyo, Japan.

었다. 사진 한 장이 남아 있는데 이 사진에는 바하이 집회가 끝난 후 가진 연회에서 찍은 것으로, 이 자리에서 알렉산더는 오상순에게 조선의 바하이교 지도자가 되어 줄 것을 적극적으로 권했다고 한다. 그러나 오상순은 끝까지 바하이교 신자가 되지는 않았다.

오상순에게 바하이교는 '문화'를 이루는 다양한 요소 중 하나였음을 말해 주는 것이며, 이는 오상순의 종교관이 이미 어느 특정 종교에 구속되는 신앙에서 벗어나 있었음을 말해 주는 것이라 하겠다.

1920년대, 동아시아의 문화 공동체, 지적 공동체

이상에서 살펴본 오상순의 1920년대 일본 관련 행적에서 주목해야 할 것은, 바하이교와 에스페란토 그리고 '조선음악회'와 민예운동 등에 참여했던 인물들 대부분이 동일하다는 것이다. 이는 매우 중요한 논점으로 상기 열거한 문화운동들이 일견 종교와 언어, 음악과 공예라는 전혀 다른 분야의 활동으로 보이지만, 실은 그 취지나 근본정신에서는 하나일 수도 있다는 것을 암시하는 것이다.

1920년대, 한·중·일의 지식인들을 함께 움직이게 했던 근본정신은 무엇이었을까. 적어도 그것이 정치적 이데올로기나 사상, 이념을 뛰어넘는 곳에 있음을 오상순의 두 통의 편지에서 알 수 있었다. 어쩌면 그것은 21세기를 살고 있는 지금, 우리들이 끊임없이 꿈꾸는 지적 유토피아와 동일한 성질을 가졌는지도 모른다. 동아시아를 비롯한 세계정세와 시대적 상황이 급변하면 급변할수록, 순수하고 정밀한, 그리고 가장 이상적인 세계의 실현을 1920년대에 오상순과 그의 지적 동반자들은 꿈꾸었던 것이 아니었을까.

1920년 중반, 오상순의 행적은 일본을 떠나 중국과 만주지역을 중심으로 이루어졌다. 북경의 저우쮜런 집에 기거하면서 루쉰이나 예로센코 등과 교류했으며, 간도의 동양학원에서 서양철학사를 가르쳤다.

또 한 장의 사진은 오상순이 북경에 있던 시절의 행적을 조사하던 과정에서 필자가 발굴한 것으로, 현재 루쉰기념관에 전시되어 있다. 이 사진에서도 볼 수 있듯이 오상순은 북경에서 역시 에스페란토를 비롯해 '새로운 마음' 운동 등 신문화 활동에 적극적으로 참여했다. 그러나 시대와 지역이 달라진 상황에서 오상순의 활동은 1920년대 초반과는 매우 다른 양상을 보였다.

예로센코와 저우쮜런, 루쉰 등과 함께했던 북경 체류기간

박윤희의 글이 실린 《문학사상》의 내지

중의 활동과 간도에서의 행적을 통해 오상순이 꿈꾸었던 지적 유토피아가 어떻게 변화하고 성장하는지에 대한 내용은 '오상순과 중국, 그리고 동아시아'라는 테마로 발표할 기회가 있기를 바라며 글을 맺는다.

《문학사상》(2009. 8)

밤을 찬미하는 두 시인

오상순과 니체

글 박윤희(朴允姬) · 번역 임나현(任拏炫)

이 논문은 2006년 일본의 교토조형예술대학에서 〈오상순의 문학과 사상: 1920년대, 동아시아의 지적 교류〉로 박사학위를 받은 고 박윤희의 유고이다. 중앙대 문예창작학과와 예술대학원 문학예술학과를 졸업하고 일본에 유학 가 석사와 박사학위를 받았는데, 《Aube: 비교예술학 04 · 05》(淡交社, 2009. 3. 29)에 이 논문을 발표하고 얼마 되지 않아 병마가 찾아와 숨을 거두었다.

오상순과 니체의 시를 비교한 이 글이 일본의 학술지에만 실려 있는 것이 안타까워 임나현 씨에게 국역을 의뢰하여 이 자리에 싣는다. 이 논문은 오상순 연구를 진일보시킨 것으로, 오상순과 니체의 시가 어떤 지점에서 만나고 어떤 부분이 다른가를 정치精緻하게 분석한 글이다. 국내에서 오상순에 대한 연구가 더욱 활발히 전개되기를 바란다. 박윤희의 이 논문에는 오류가

이 논문이 실린 일본 문예지의 표지

두 가지 있다. 전문을 인용했다는 시 〈아시아의 마지막 밤 풍경〉을 1963년 자유문학사에서 펴낸 《공초 오상순 시선》에서 가져왔다고 했지만, 그 시집에는 시의 5분의 4 정도만 나와 있다. "여기 뜻 아니한 비극悲劇의 배태胚胎와 탄생誕生이 있다"라고 끝나지만, 1983년 한국문학사에서 나온 오상순 시인의 시 전집 《아시아의 마지막 밤 풍경》에는 이 구절 이후의 10개 연이 더 나와 있다. 즉, 시 전집의 시를 인용했는데 시선에 나와 있는 시를 인용했다고 했다. 두 작품이 같은 분량이라고 잘못 알고 있었던 탓이다.

오상순의 시 〈힘의 숭배〉와 〈힘의 비애〉가 발표된 지면은 《폐허》제2호인데, 논문에는 《공초 오상순 시선》에 수록된 시라고 했다. 이 시집에는 두 시가 나오지 않는다. 이 오류도 바로잡는다. 고 박윤희 박사의 명복을 빈다. (이승하)

오상순(1894~1963)[1]은 한국 근대 신시新詩운동의 선구자로 평가되는 시인이다. 이 글에서는 그의 작품 곳곳에 보이는 니체(1844~1900)에 관한 언급과 오상순이 니체를 접하게 된 계기로 짐작할 수 있는 일본 유학(1912~1917, 도시샤대학 신학부 종교철학 전공)이라는 상황, 그리고 오상순이 표현하는 니체적 인식 태도에 주목하고, 그의 문학과 삶의 저변을 이루는 사상적 요소에 접근해 보려고 한다.

이는 지금까지 오상순의 문학을 불교의 '공空의 사상'이라는 단선적 시각에서만 검토해 온 선행연구의 한계를 넘기 위한 것이며, 아울러 청년 오상순의 세계관 형성과정에 끼친 복합적 요소가 과연 무엇이었는지를 조금이나마 총체적으로 파악하기

---

1 공초 오상순의 본격적인 시작(詩作) 활동은 1920년 7월 문예동인지 《폐허》를 발간하면서부터 시작되었다. 그중에서 오상순의 대표작으로 가장 널리 알려진 작품은 1922년 《신민공론》 2월호에 실린 〈아시아의 마지막 밤 풍경〉이다. 이 시는 김소운(金素雲)의 번역시집인 《젖빛 구름(乳色の雲)》(1940년)에도 수록되어 약 120편의 한국 근대시와 함께 일본에 소개된 적이 있다. 2000년에는 일본연구가 김사엽(金思燁)이 쓴 《한국·역사와 시》라는 책에도 아주 일부분이지만 일본어 번역으로 수록되어 있다. 하지만 이들 번역시의 경우, 번역상의 완성도는 차치하고라도 원작 시의 5분의 1 분량밖에 번역되지 않았다는 점과, 그조차도 각기 역자에 의한 편집이라서 원작 시 전편의 흐름을 느끼기 어렵다는 문제점이 있다.

위한 시도이기도 하다. 이 글에서는 미흡하나마 우선 《공초 오상순 시선》(자유문학사, 1963년)에 수록된 〈아시아의 마지막 밤 풍경〉의 전문을 여기에 소개하기로 한다.

니체에 관한 오상순의 관심이 과연 어느 정도였는지를 조사하는 작업에 그치지 않고, 그 관심과 반응의 근저에서 숨 쉬고 있는 것이 무엇인지를 파악할 수 있다면, 지금까지 관념적이고 추상적인 묘사에 그친다고 비판받아 온 오상순의 문학과, '자기회복'에 대한 그의 태도와 정체를 우리는 이제 명확하게 이해할 수 있을 것이다.

1. 혼돈, 춤추는 별을 탄생시키기 위해 2

일본의 대정大正3시대를 '춤추는 별을 탄생시키기 위한 혼돈'의 시대였다고 표현하는 데 이의를 제기하는 이는 없을 것이다.

2　니체, 히가미 히데히로(氷上英廣) 역(1999), 《차라투스트라는 이렇게 말했다(上)》, 이와나미문고 중, "나는 그대들에게 고하노라. 춤추는 별을 탄생시키기 위해서 인간은 자신 속에 혼돈을 간직해야 한다. 나는 그대들에게 말하노라. 아직 그대들은 자신 속에 혼돈을 간직하고 있다"에서 인용.
3　〔옮긴이 주〕대정(大正, 다이쇼): 천황 시대의 연호.

1912년부터 1918년에 걸친 오상순의 일본 유학생활은 바로 이 시기와 일치한다.

시대의 급속한 조류는 많은 사상을 휩쓸며 거대하게 굽이쳤고, 그 탁류는 일본의 대정시대를 직격했다. 아직도 검증되지 않은, 그렇기에 어떤 선입관도 없는 사상의 흐름 속에서 오상순은 도시샤同志社대학 신학부의 한국인 유학생 제 1호4라는 위치에 서 있었다.

그 무렵에, 이쿠다 죠코生田長江5의 번역으로 《차라투스트라》(1911)6가 발간되어 일본 내에서는 니체 연구 붐이 일었다. 뒤이어 니시다 기타로西田幾多郎7의 《선의 연구善の研究》와 나쓰메 소세키夏目漱石의 《현대 일본의 개화》도 같은 해인 1911

---

4 메이지(明治) 45년(1911), 도시샤대학의 전신인 도시샤전문학원 신학부의 유학생 성적 원본에 근거하여 기준한 해(도시샤대학 학사과 정보에 의함).

5 〔옮긴이 주〕이쿠다 죠코(生田長江, 1882~1936): 평론가, 번역가, 소설가. 니체의 《차라투스트라》 및 《니체전집》 전 12권 번역 출간.

6 이 글에서 사용한 자료는 히가미 히데히로(氷上英廣) 역, 《차라투스트라는 이렇게 말했다(上·下)》인데, 오상순이 실제로 읽은 것은 이쿠다 죠코(生田長江) 역(1911), 《차라투스트라》의 〈밤의 노래〉인 것으로 짐작된다.

7 〔옮긴이 주〕니시다 기타로(1870~1945): 평론가, 일본을 대표하는 철학자.

년에 간행됐다. 한편, 일본 밖에서는 청조清朝가 무너지고 중화민국이 수립되는 등 아시아의 기류는 매우 빠르면서도 불안정했다.

1913년 니시타 기타로가 교토제국대학에 교수로 부임한 일도, 오상순이 '교토'라는 공간에서 느낀 사상적·문화적 분위기를 추측해 볼 때 중요한 요소다. 그해 와쓰지 데쓰로和辻哲郎8의 《니체 연구》가 발간되는 것을 비롯해 일본 내에서는 니체 연구가 한층 더 본격화되고, 다음해인 1914년에는 나쓰메 소세키의 《나의 개인주의》와 야나기 무네요시柳宗悅의 《윌리엄 블레이크》가 발간되는 한편, 칸트의 《철학서설哲學序說》도 번역되어 현대사상에 대한 논의는 점차 깊어져 갔다.

1916년에는 '교토 철학회'가 결성된다. 교토가 일본 사상의 중심지로 한층 더 구심력을 발휘하던 시기다. 1917년 오상순이 속해 있던 도시샤대학 종교철학과 교수인 하타노 세이치波多野精一9가 교토대학 교수로 전임한 것도 그 시기다. 오상순의 졸업연도에 해당하는 1918년, 신초샤新潮社에서 이쿠다 죠코

---

8 〔옮긴이 주〕 와쓰지 데쓰로(1889~1960) : 철학자, 윤리학자, 사상가.
9 〔옮긴이 주〕 하타노 세이치(波多野精一, 1877~1950) : 역사철학가, 종교철학자.

번역으로 《니체 전집》이 간행되었다. 같은 해, 하타노 세이치와 미야모토 와키치宮本和吉10의 공동 번역으로 《실천이성비판》도 간행되었다.

시대가 몰고 온 혼돈은 정치·경제·사회·문화 등 모든 분야에서 스파크를 일으켰다. 그 불꽃이 튀는 곳마다 사상은 불타올랐고 다시 꺼져갔다. 그러나 오상순에게 대정시대의 '혼돈'은 '가능성'과 동의어였다. 종교와 예술, 철학을 통해서 인간의 본질을 파악하고자 자신의 힘으로 회전을 반복한 청년 철학도 오상순은 '진리 추구'라는 기치 아래 밀려오는 사상의 탁류를 스스로 정화하고 있었다. 과연 그의 가슴에 남은 건 무엇이었을까. 적어도 '니체'가 그중 하나였음은 의심할 여지가 없다. 이제 그 흔적을 확인해보기로 한다.

병상病床에 누어

우연偶然히 싀름업시

여윈 손에

썰며서

철鐵붓을 잡어

---

10 〔옮긴이 주〕 미야모토 와키치(宮本和吉, 1883~1972) : 평론가, 철학자.

사자獅子,

사자獅子,

사자獅子!

라 써보고

눈물지어—.

— 〈힘의 숭배〉(1921년)11 전문

싸호고 도라온 벗

니—ㅅ체 전집全集을

가슴에 한아름 안어다노코

닑기 시작始作하는

순간瞬間의 표정表情 보고

이상異常한 비애悲哀를 늣기어—

— 〈힘의 비애〉(1921년)12 전문

위에의 인용한 시는 유학을 마친 오상순이 귀국 후 동인지 《폐허》13에 게재한 〈힘의 숭배〉와 〈힘의 비애〉다. 본래 〈힘

---

11 《폐허》 제2호(1921. 1)
12 위의 책.

의 숭배〉를 구성하는 16편의 단시 중 두 편을 발췌한 것으로, 이 두 편만으로 원작 시 전체의 맥락을 파악하기는 부족하지만, 니체에 대해 언급한 근거로 삼기에는 충분할 것이다. 이외에도 오상순이 20대에 집필한 문장 곳곳에서 언급되는 '사자', '니체 전집', '힘의 숭배', '힘의 비애'와 같은 단어를 볼 때 니체를 직접 언급하는 부분을 찾아내기는 어렵지 않다.

하지만 니체와 오상순을 비교할 때, 시어의 유사성에만 주목하는 것은 마치 두 사람 다 똑같은 사람이라는 사실을 거론하는 것과 다르지 않다. '두 사람 다 눈이 두 개다! 코가 하나다! 입도 있다!' 하고 아무리 소리쳐 본들 거기에는 아무 발견이 없다. 삶의 이해에 따른 경이와 감탄도 없다. 우리가 비교해야 할 대상은 눈이 아니라 시선이고, 입 모양이 아니라 그들이 말하는 언어의 의미다. 오상순이 힘없이 니체의 '사자'를 쓰고서 눈물짓는 이유와 묵묵히 《니체 전집》을 읽기 시작하는

---

13 《폐허》 창간호는 1920년 고경상(高敬相)의 편집으로 폐허사에서 발행됐다. 오상순, 염상섭, 남궁벽, 김억 등이 중심 멤버로서 창간한 《폐허》는 1921년 1월 20일 남궁벽이 편집한 《폐허》 제 2호(신반도사 발행)를 마지막으로 종간된다. 《폐허》 제 2호는 오상순 특집으로 오상순에 관한 동인들의 논평이 실려 있고, 이로써 오상순이 《폐허》의 주요 인물이었음을 알게 한다.

벗에게서 비애를 느끼는 이유를 유추해 봐야 한다.

왜냐하면, 오상순의 눈물과 비애의 정체가 단순히 조국을 잃은 식민지 청년이 발산하는 감정의 분출이라고 여기기에는 같은 무렵에 쓴 논문 〈종교와 예술〉에서 보이는 그의 학문적 자세가 지나치게 냉정하고, 〈시대고時代苦와 그 희생〉이라는 논설에서 표출한 발언은 매우 확신에 차 있기 때문이다.

그리고 그의 어떤 시보다도 〈아시아의 마지막 밤 풍경〉에서 드러나는 그의 인식의 폭은 넓고도 깊다. 시가 꽤 길지만 전문을 제시한다.

아시아의 마지막 밤 풍경
— 아시아의 진리는 밤의 진리다

아시아는 밤이 지배한다 그리고 밤을 다스린다
밤은 아시아의 마음의 상징이요, 아시아는 밤의 실현이다
아시아의 밤은 영원의 밤이다, 아시아는 밤의 수태자受胎者이다
밤은 아시아의 산모요 산파이다
아시아는 실로 밤이 낳아 준 선물이다
밤은 아시아를 지키는 주인이요 신이다
아시아는 어둠의 검이 다스리는 나라요 세계이다

아시아의 밤은 한없이 깊고 속 모르게 깊다

밤은 아시아의 심장이다, 아시아의 심장은 밤에 고동한다

아시아는 밤의 호흡기관이요 밤은 아시아의 호흡이다

밤은 아시아의 눈이다, 아시아는 밤을 통해서 일체상一切相을 뚜렷이 본다

올빼미처럼

밤은 아시아의 귀다 아시아는 밤에 일체음一切音을 듣는다.

밤은 아시아의 감각이요 감성이요 성욕이다

아시아는 밤에 만유애萬有愛를 느끼고 임을 포옹한다

밤은 아시아의 식욕이다, 아시아의 몸은 밤을 먹고 생성한다

아시아는 밤에 그 영혼의 양식을 구한다, 맹수처럼…

밤은 아시아의 방순芳醇한 술이다, 아시아는 밤에 취하여 노래하고 춤춘다

밤은 아시아의 마음이요 오성悟性이요 그 행行이다

아시아의 인식도 예지도 신앙도 모두 밤의 실현이요 표현이다

오 ― 아시아의 마음은 밤의 마음…

아시아의 생리계통과 정신체계는 실로 아시아의 밤의 신비적 소산인저

밤은 아시아의 미학이요 종교이다

밤은 아시아의 유일한 사랑이요 자랑이요 보배요 그 영광이다

밤은 아시아의 영혼의 궁전이요 개성의 터요 성격의 틀이다

밤은 아시아의 가진 무진장의 보고寶庫이다 마법사의 마술의
보고와도 같은 ─

밤은 곧 아시아요 아시아는 곧 밤이다

아시아의 유구한 생명과 개성과 성격과 역사는 밤의 기록이요

밤신神의 발자춰요 밤의 조화요 밤의 생명의 창조적 발전사發
展史─

보라! 아시아의 산하 대지와 물상과 풍물과 격格과 문화 ─

유상有相 무상無相의 일체상─切相이 밤의 세례를 받지 않는 자
있는가를,

아시아의 산맥은 아시아의 물의 리듬을 상징하고 아시아의 물
의 리듬은 아시아의 밤의 리듬을 상징하고…

아시아의 딸들의 칠빛 같은 머리의 흐름은 아시아의 밤의 그윽
한 호흡의 리듬

한 손으로 지축을 잡아 흔들고 천지를 함토含吐하는 아무리 억
세고 사나운 아시아의 사나이라도 그 마음 어느 구석인지 숫처녀

의 머리털과 같이 끝 모르게 감돌아드는 밤물결의 흐름 같은 리
듬의 곡선은 그윽이 서리어 흐르나니

그리고 아시아의 아들들의 자기를 팔아 술과 미와 한숨을 사는
호탕한 방유성放遊性도 감당키 어려운 이 밤 때문이라 하리라
밤에 취하고, 밤을 사랑하고, 밤을 즐기고, 밤을 탐미하고, 밤
을 숭배하고
밤에 나서 밤에 살고, 밤 속에 죽는 것이 아시아의 운명인가

아시아의 침묵과 정밀靜謐과 유적幽寂과 고담枯淡과 전아典雅와
곡선과 여운과 현회玄晦와 유영幽影과 후광後光과 또 자미滋味 제호
미醍醐味는 아시아의 밤신들의 향연의 교향곡의 악보인저
오— 숭엄하고 유현幽玄하고 신비롭고 불가사의한 아시아의 밤
이여!

태양은 연소燃燒하고 자격刺激하고 과장하고 오만하고 군림하
고 명령한다.
그리고 남성적이요 부격父格이요 적극적이요 공세적이다
따라서 물리적이요 현실적이요 학문적이요 자기중심적이요 투
쟁적이요 물체적이요 물질적이다

태양의 아들과 딸은 기승하고 질투하고 싸우고 건설하고 파괴하고 돌진한다

백일하에 자신 있게 만유를 분석하고 해부하고 종합하고 통일하고

성할 줄만 알고 쇠하는 줄 모르고 기세 좋게 모험하고 제작하고 외치고 몸부림치고 피로한다

차별상差別相에 저회低廻하고 유有의 면面에 고집한다

여기 뜻 아니한 비극의 배태와 탄생이 있다. 14

달은 냉정하고 침묵하고 명상하고 미소하고 노래하고 유화柔和하고 겸손하고 애무하고 포용한다

여성적이요 자모적慈母的이요 수동적이요 수세적이요 몽환적이요 심령적이다

따라서 현실에 양보하고 몰아적沒我的이요 희생적이요 예술적이요 정신적이요 애타적愛他的이요 평화적이다

달의 아들과 딸은 시고 떫고 멋지고 집지고 야취野趣 있고 운치 있고 아치雅致 있고

천진하고 청초하고 전아典雅하고 윤택하고 공상空相하고 회의

---

14 〔이승하 주〕《공초 오상순 시선》에서는 시가 여기서 끝남.

하고 반성하고 사랑하고 생산한다

　일체를 정리하고 조절하고 조화하고 영원히 피로를 모른다

　차별상差別相에 고답高踏하고 혼융渾融하고, 그리고 무無의 바다
에 유영하고 소일한다

　아시아의 미가 전적이요 단적端的이요 고답적이고, 착고着古하
고 몽환적임은

　아시아의 밤의 달빛이 스며 있는 까닭이다.

　밤과 달을 머금은 미美가 아시아의 미다.

　태양이 지배하는 나라의 버드나무가 태양이 열을 받고 그 기운
에 끄을려 하늘을 꿰뚫을 듯이 넓고 넓을 벌판에 씩씩하게 소리
치며 향상向上하고 엄연히 서 있을 제

　수변水邊에 기도드리듯이 머리 숙이고 경건히 서 있는 동방의
버드나무를 보라

　밤의 정기精氣와 달빛과 이슬의 사랑에 젖어

　묵묵히 감사드리며 물의 흐름을 따라 땅으로 땅으로 드리운다.

　아시아의 마음은 일광 밑에 용솟음치는 화려한 분수보다도 밤
어둠 속에 어디서인지 모르게 들릴 듯 말 듯, 그윽이 잔잔히 흐르

는 물소리에, 귀 기울이기를 즐겨하고,

　서리는 향수보다도, 물속에 천 년 묵은 침향沈香을 사랑하며

　꽃을 보고 그 아름다운 색에 취하기보다 꽃의 말 없는 말을 들으려 하고

　흙의 냄새를 맡고 숨은 정욕을 느끼기보담, 흙의 마음을 만지려 한다.

　장엄한 해나 달 ― 그것에 보다도 오월 신록의 나뭇잎을 새며 미풍에 고이 흔들려 어른거리며 노니는 따위의 일광의 그림자나 월광의 그림자의 춤의 운율과 여운에, 그 심장이 놀라며 영혼이 잠 깨는 아시아의 마음 ―

　낮에 눈 뜨기를 게을리 하고 밤에 눈 뜨기를 부지런히 하나니, 사물의 진상, 마음의 실상 ― 보는 자 자신을 보기 위함이라

　아시아의 마음은

　태양보다 더 밝은 자를 어둠 속에 찾으려 하며

　밑 없는 어둠의 밑을 꿰뚫으려 한다

　아시아의 안목은

　태양에 눈 부시는 자도 아니요, 어둠에 눈 어둔 자도 아니요, 조으는 자도 아니요, 실로 어둠 속에 잠 깨는 자이다.

어둠에 잠들 제 아시아는 타락한다

지금의 아시아는 어둠에 잠들었다

어둠의 육체적 고혹蠱惑에 빠져, 취생몽사하는 수면상태이다.

태양보다 더 밝은 자 — 밤보다 더 어둔 자는 무엇이며, 그 정체는 무엇이며, 어디 있느냐

이 물음이 실로 아시아의 교양이요 학문이요 영원한 숙제요 과제이다.

아시아의 교양은 밤의 교양이요 밤의 단편이요 밤 자신의 자기극복이요 초극이다

오, 밤 자신의 자기해탈은 무엇이며, 언제 어디서 어떻게 실현되고 실천되느냐 —

여기서 아시아의 교양의 중심안목中心眼目이 있다.

이는 자기가 밤 자신이 되어 자기가 자기 자신에게 답할 최후구경最後究竟의 물음이다

이를 입으로 물을 때 묻는 자의 입은 찢어지고

이를 마음으로 답할 때 답하는 자의 마음은 부서진다

여기 아시아의 비극적 기적적 운명이 있다

206

그러면 그것은 무엇이냐.

오, 이 무엇이란 무엇을 폭파하라

그 무엇은 벽력으로 이 문問과 답答을 동시에 쳐부수라 이에 묻는 자는 곧 답하는 그 자이다.

오, 아시아의 비극적 기적!

그리 아니 하려 하되 아니할 수 없고 이리 아니 되려 하되 아니될 수 없음이 곧 아시아의 어찌할 수 없는 숙명이어니 용감히 대사일번大死一番, 이 영원의 숙명을 사랑하자

오, 무無의 상징인 기나긴 몽마夢魔 같은 아시아의 밤이여

오, 유有의 상징인, 아니 무의 상징인 태양아 꺼지라

아시아의 기적은 깨지고 불가사의적 비부秘符는 찢어진다

보라! 이것이 아시아의 밤 풍경 제 1장이다.

— 〈아시아의 마지막 밤 풍경〉(1922년) 전문

그렇다면 오상순이 숭배한 '힘'의 정체는 과연 무엇이었을까. 이를 파악하기 위해 《차라투스트라는 이렇게 말했다》(히가미 히데히로氷上英廣15 역, 1964)에 실린 니체의 〈밤의 노래〉와 오상순의 〈아시아의 마지막 밤 풍경〉을 비교해 보자. 두 사

전집의 제목을 시의 제목으로 했다

람이 '밤'이라는 공통요소를 어떤 식으로 인식했는지, 그 내용
과 방식의 비교를 통해 우리는 니체에 대한 오상순의 생각뿐만
아니라 그들이 각각 문화의 궤도를 어떻게 회전하고 있었는지
도 파악할 수 있을 것으로 본다.

　고금동서를 불문하고 수많은 시인이 밤에 관한 시를 썼고,
앞으로도 변함이 없을 것을 확신한다면, 니체와 오상순이 '밤'
에 착안해서 시를 썼다는 것이 꼭 별다른 일만은 아니다. 오히

15　〔옮긴이 주〕 히가미 히데히로(氷上英廣, 1911~1986) : 독일문학자, 번
　　역가.

려 아주 평범한 일이다. 따라서 필자는 오상순과 니체가 밤이 갖는 힘의 근원에 다가가기 위해서 각각 어떠한 시도를 했는지, 그 결과 어떤 지점에 도달했는지를 고찰하려고 한다.

동시다발적으로 인간의 마음을 감전시키는 밤의 힘은 대체 어디에서 기인하는 것일까. 또 그런 힘은 오직 밤만이 가지고 있는 것일까. 이것이 서로 다른 시간과 공간을 살아온 두 사람의 삶에 대한 사색의 심부深部를 꿰뚫는 질문이자 우리가 지금 여기서 두 사람의 '밤의 시'를 비교하는 의의이기도 하다.

2. 오상순 속의 니체

또 한 가지, 오상순과 니체와의 관계를 고찰하기에 앞서, 두 사람의 지적 상관관계가 단순히 '전달'과 '수용'이 아닌 '공감'이었다는 인식하에 출발하는 것을 전제로 한다. 그 이유는 오상순이 니체를 접하기 전부터 니체적 요소를 내재하고 있었다는 점을 그의 문학과 삶의 태도에서 충분히 유추할 수 있기 때문이다. 니체로 인해 촉발된 '니체적 자아'로 오상순을 이해하는 것은 오상순 연구가 가지는 문학사적 의의를 더욱 확대하는 요인이 될 것이다.

다시 말하면 지금까지 많은 한국 근대문학사 연구가 보여 준

'일본을 통한 서양문학의 재수용'이라는 단편적 경향의 편파성을 적잖이 바로잡을 수 있기 때문이다. 그 근거가 바로 오상순의 문학과 삶 속에 있다. 이를 분명히 해 우리는 한국과 일본 및 동서양의 문화 전파양식에 대해 단순히 전달과 수용이라는 일방적 인식아래 글을 써 왔던 종래의 문화사에서 벗어나, 보다 다각적으로 다양한 문화의 생리를 이해할 수 있게 되리라 본다.

나는 두 사람의 니체나 두 사람의 오상순을 만들어 낼 생각은 없다. '자아와 타자'라는 이분법, 또는 '무차별적 통일'이 범하는 실수를 다시 되풀이하지 않아야 한다. 거식증에 걸린 환자에게 과식을 권하는 치료법으로는 결국 병을 극복할 수 없듯이, 하늘에 떠 있는 별 역시 '자전'과 '공전'의 힘을 함께 갖추지 못하면 '문화'라는 우주의 궤도에서 벗어나 소멸할 수밖에 없다.

3. 밤을 찬미하는 두 가지 이유

밤이 왔다.
솟아오르는 모든 샘은 이제 더욱 소리 높여 말한다.
나의 영혼도 하나의 솟아오르는 샘물이다.
밤이 왔다.
사랑하는 자들의 모든 노래가 이제 비로소 깨어난다.

나의 영혼 또한 사랑하는 자의 노래다.

진정되지 않은 것, 진정될 수 없는 것이

내 마음속에 있다.

그것이 이제 말하려 한다.

사랑을 향한 열망이 내 마음속에 있고,

이 열망 자체가 사랑의 말을 속삭인다.

나는 빛이다. 아, 내가 밤이라면!

그러나 내가 빛으로 둘러싸여 있다는 것,

이것이 나의 고독이다!

아, 내가 어두운 밤과 같다면!

빛의 젖가슴을 얼마나 빨았을 것인가!

———니체, 〈밤의 노래〉에서

'암흑의 태양'으로서의 자각과 '환한 밤'에 대한 동경, 니체의 〈밤의 노래〉는 이 두 가지의 감정이 충돌하면서 만들어 내는 역설 표현으로 이루어져 있다. 니체를 현실에 안주할 수 없게 하는 것은 다름 아닌, 그의 내부에 존재하는 "진정되지 않는 것, 진정할 수 없는 것"이고, 이는 자신이 처한 실존의 시각을 끊임없이 인식하고자 하는 니체의 타고난 자각의 욕구라고 할수 있다. 그리고 그 욕구에 따른 결과 니체는 "자신의 빛 속에 살고 있는" 자아, "나에게서 솟아나는 불꽃을 다시 들이마시는" 자아, 지친 발광체發光體로서의 자기인식에 도달한다.

〈밤의 노래〉에서 니체가 감지한 태양의 실체는 "저마다 폭풍처럼 그 궤도를 따라 날아간다". 그리고 "가차 없는 자기의 의지에 따르는" 존재이며, 이러한 '태양의 냉혹함'에 대한 니체의 반발은 "빛을 발하는 것으로부터 자신의 열기를 만들어 내는" 밤과, "빛의 젖가슴으로부터 젖과 청량음료를 빨아들이는" 밤으로 향하는 갈망으로 이어진다. 그러나 그 갈망은 더 극심한 고독과 굶주림과 빈곤을 불러일으킨다.

니체의 〈밤의 노래〉가 가진 매력은 시의 전편에 흐르는 그의 '부정적 정신'이 인간의 근원적 사유를 자극하고, 이를 활발하게 움직이는 힘을 갖고 있다는 것이다. 이것에서 필자는 오상순과 니체의 접점을 찾고 싶다. 왜냐하면, 니체가 '자기부정'이라는 수단으로 만들어 낸 정신적 변화, 이를테면 인간의 삶에 대한 새로운 조망법과 자각을 위한 문제의식을 갖는 방법, 그리고 새로운 관련성으로의 도전방법은 이후 오상순이 자신의 사유를 진전시켜 가는 중에도 학문적 방법으로 응용했으리라 보기 때문이다.

그리고 두 사람 사이에 있는 또 하나의 접점은 오상순이 자신 속에 침전해 있는 타고난 자각의 욕구를 〈아시아의 마지막 밤 풍경〉에서 고백한다는 점이다. "그리 아니 하려 하되 아니 할 수 없고, 이리 아니 되려 하되 아니 될 수 없"는 자아 탐구의 힘으로 오상순 역시 자신이 속한 상황과 실존의 시각을 끊임없이 진단한다. 또 실존이 가진 한계를 극복하려는 방안을 끊임없이 연구한다.

그러나 필자는 오상순과 니체가 취하는 이 자세에서 두 사람의 변별점을 발견했다. 따라서 이번에는 두 사람이 보여 주는 현실극복 의지의 시작이 타고난 자각의 요구라는 것과 그 욕구에 대응하는 두 사람의 서로 다른 자세에 대해 고찰하기로 한다. 다만, 두 사람의 자기인식의 결과인 실존의 시각 차이, 즉 '어둠을 기다리는 태양'으로서의 니체와, '여명黎明을 기다리는 밤'으로서의 오상순의 시차에는 큰 의미를 두지 않기로 한다. 그 이유는 차이를 만들어 내는 무수한 가변요소(개인적 성장과정과 개개인의 사회적 현실, 시대적 상황 등)에서 그들의 인식의 차이를 찾는 일은 극히 부수적 성과만을 남기기 때문이다. 현재 지구 반대 측 시각이 어째서 한낮인지 묻는 것과 다르지 않은 것이다. 그곳에 사는 사람들의 생활양식을 파악하지 않는 한, 그저 호기심 해소에 지나지 않는다. 지역이 다른 우리에게 주는 의미를 파악하지 않는 한, 공간의 한계를 벗어나지 못하는 단순한 토막 지식에 머물고, "그래서 어떻다는 건데?"라는 의문과 자신과의 관련성에 대한 의문은 언제까지고 남는다.

중요한 건 두 사람의 자기극복 방식이다. 동경하는 세계인 밤과는 영원히 일치하지 못하는 태양으로서의 니체와, "어둠에 잠들었다. 어둠의 육체적 고혹蠱惑에 빠져 취생몽사하는 수면상태"인 아시아에서 한밤중에 깨어있는 오상순, 그들이 각각 자신이 처한 현실을 어떻게 감당해 가는지, 밤에서 낮으로, 낮에서 밤으로의 시간이동에는 성공했는지, 그 성공이 반복적인 것인지 한 번으로 끝났는지를 파악하는 것이다.

실제, 니체와 오상순의 시에 등장하는 밤과 태양과 달의 속성은 많은 부분에서 일치한다. 따라서 그것만을 논하려 한다면 다음 오상순의 시를 빌려 하나로 엮어도 무리는 없다. 예컨대 "백일하에 자신 있게 만유萬有를 분석하고 해부하고 종합하고 통일하고 성할 줄만 알고 쇠할 줄 모르고 기세 좋게 모험하고 제작하고 외치고 몸부림치고 피로"하는 것이 두 사람이 느끼는 태양의 속성이다. "청초하고 전아하고 윤택하고 공상하고 회의하고 반성하고 사랑하고 생산한다. 일체를 정리하고 조절하고 조화하고 영원히 피로를 모르는" 것이 그들이 공통으로 인식하는 밤의 이미지이다.

그러나 니체의 시에는 〈아시아의 마지막 밤 풍경〉에서 느끼는 양면 거울과 같은 어지러움이 없다. 그 이유는 니체가 태양에게 갖는 반감과 밤에 대한 동경, 그 양극만을 오가기 때문이다. 즉, 니체의 〈밤의 노래〉에는 '밤'이라는 거울에 반영되는 니체의 내부만이 비친다. 니체가 구사하는 역설적逆說的 표현, "포만감 속에서의 극심한 굶주림"이나 "모든 비추는 자들의 침묵", "차가운 얼음에 화상을 입는다" 등은 "받는 자의 행복을 알지 못하는" 자로서의 자각과 "밤과 같은 것에 대한 갈망"에서 시작된 니체의 외침 바로 그것이다.

"나는 받는 자의 행복을 알지 못한다!", "나는 끊임없이 베풀기만 할 뿐이다!", "내 손은 쉴 틈이 없다!"라고 니체는 산꼭대기에 서서 자신의 고뇌를 계속 외치고 있다. 그러나 가령 그렇다 해도 그에게 돌아오는 대답은 "황량한 공간 속에서 돌고 있는" 고통에 가득 찬 자신의 메아리뿐이다. 아무리 다양한 표현을 구사해도 그 메아리는 헛된 외침에 불과할 뿐, 의미의 확장을 가져오지는 못한다. 메아리의 한계인 것이다. 우리가 아무리 귀를 기울여도 니체가 외치는 〈밤의 노래〉에서는 '받는 자의 고통'이 느껴지지 않는다. '베푸는 자의 미덕'을 찾으려는 의지도 들리지 않는다. 태양인 자신을 거부하는 니체의 정신은 자신의 현존상태를 거부하기 위해서 사용할 뿐, 자신이 내린 인식의 결론을 재검토하는 것에는 봉사하지 않는다.

비약일지 모르겠지만, 필자는 여기에서 병적인 위험성을 느

낀다. 자신의 단점만을 깨닫는 경우에는 자기비하自己卑下를,
상대의 장점에만 주목하는 경우는 자기상실自己喪失을 초래하기
때문이다. 반대로 자신의 장점에만 몰입하는 경우는 자기도취
로 이어지고, 상대의 단점에만 주목한다면 비방誹謗에 빠져들
기 쉽다. 결국, 자신과 타자 사이에 성립하는 삶의 무수한 방
정식을 숙지하지 않고는 편향된 방식으로 자신의 모순을 해결
하기 쉽고, 그에 따르는 결과는 오로지 좌절과 피로와 결핍이
다. 유감스럽게도 니체의 〈밤의 노래〉에서 귀에 들리는 것은
그 스스로 그린 인식의 원과 밀폐된 그 원에 갇혀 있는 우울한
니체의 한숨이다.

　나의 눈은 더 이상 구걸하는 자들의 수치 때문에 눈물을 흘리
　지는 않는다.
　나의 손은 가득 채워진 손들의 떨림을 느끼기에는 너무 굳었다.
　내 눈의 눈물과 내 마음의 부드러운 솜털은 어디로 가버렸는가?
　　　　　　　　　　　　　　　　　　　　― 〈밤의 노래〉에서

　이처럼 자기상실과 자기비하를 반복해서 초래하는 것은 우
울이고, 자기도취와 비방을 반복해서 얻어지는 결과는 피해망
상이다. 이러한 니체의 자기 부정적 인식에 비하면, 어둠에 잠

들어 취생몽사하는 아시아의 현실을 직시하고, "태양보다 더 밝은 자를 어둠 속에 찾으려"하는 오상순의 삶에 대한 인식이 훨씬 적극적인 힘을 가진다.

> 오, 무無의 상징인 기나긴 몽마夢魔 같은 아시아의 밤이여 사라지라.
> 오, 유有의 상징인 아니 무의 상징인 태양아 꺼지라.
> 아시아의 기적은 깨지고 불가사의적 비부秘符는 찢어진다.
> ── 〈아시아의 마지막 밤 풍경〉에서

그렇다면 두 사람이 공통으로 가지고 있던 인식의 힘, 이를테면 자기탐구를 위한 '부정적 정신'이 어째서 니체에게는 한숨의 원인이고, 오상순에게는 추진력의 토대가 된 것일까. 이는 '솟아오르는 힘'과 '흐르는 힘'의 차이이다. 즉, 두 사람이 각각 자기인식의 능력을 발산하는 양식의 차이에서 기인하는 당연한 결과이다.

우선, 〈밤의 노래〉에서 니체는 마지막 세계인 밤이 오기에 "샘"은 모두 "솟아오르는" 것이고, "이제 더욱 소리 높여 말한다"라고 한다. 그뿐만 아니라 "나의 영혼도 하나의 솟아오르는 샘물이다"라고 스스로 말한다.

그러나 마지막까지 솟아오른 물이 향하는 곳은 분출한 물의 힘으로는 영원히 도달할 수 없는 '공空'이고, 그 물이 돌아오는 곳도 자신 외에는 없다. 게다가 분출하는 힘이 강하면 강할수록 자신에게 돌아오는 충격과 고통은 심할 뿐이다. 결국, 니체가 칭송하는 샘의 '솟아오르는 힘'은 물의 본성에 거역하는 '역류'의 한계성을 지닌 '모순적 사고방식'인 것이다. 솟아오르는 힘의 결말이 이처럼 '허무한 회전'으로 끝난다는 것을 니체가 간파하지 못한 것은 아닐까.

한편, 오상순은 "밤은 곧 아시아의 마음"에 대해서 "일광日光 밑에 용솟음치는 화려한 분수보다도 밤 어둠 속에 어디서인지 모르게 들릴 듯 말 듯, 그윽이 잔잔히 흐르는 물소리에, 귀 기울이기를 즐겨"하는 것이라고 말한다. 이처럼 물의 본성에 순응하고 '흐름을 지속하는 것'이야말로 '고통의 사상', 즉 자신이 분출한 예리한 자기인식의 원천수가 반복해서 자신의 가슴을 파내는 것을 막는 비결이다. 또 그 원천수를 되도록 많은 생명체를 위해서도 활용할 수 있는 적극적이고 유효한 인식이 된다는 것을 오상순은 터득한 것이다.

결국, 밤으로부터 '액체'를 찾아낸 것은 니체나 오상순이나 마찬가지였지만, 액체의 본성을 통찰하는 힘의 차이에 따라 두 사람의 '밤의 예찬'은 각각 다른 결과에 이르렀다.

밤이 왔다.

솟아오르는 모든 샘은 이제 더욱 소리 높여 말한다.

나의 영혼도 하나의 솟아오르는 샘물이다.

— 〈밤의 노래〉에서

아시아의 마음은 일광 밑에 용솟음치는 화려한 분수보다도

밤 어둠 속에 어디서인지 모르게 들릴 듯 말 듯,

그윽이 잔잔히 흐르는 물소리에, 귀 기울이기를 즐겨하고….

— 〈아시아의 마지막 밤 풍경〉에서

출발점으로의 회귀는 불가능하고 회귀해서도 안 되는 자각의 여부에 따라 두 사람이 표현하는 인식의 형태와 가능성은 크게 변별된다. 인간의 삶이 태양이나 달에 귀착하는 것을 부정하는 오상순의 사유과정 형태는, 처음 출발한 지점의 근처까지는 돌아오지만 조금 엇갈린 곳에서 다음 원圓이 다시 시작되는 나선형螺旋形이다. 나선은 변형하는 속성이 있다. 나선은 그 나선을 주도해서 움직이는 당사자의 의지와 나선 자체가 지닌 본래의 능력이 만나는 지점에서 시시각각 그 형태와 길이를 변화하면서 다양한 율동을 만들어 낼 수 있다.

이에 비해 〈밤의 노래〉에서 니체가 표현한 삶의 본질은 출

구가 없는 원이다. '원'은 경사와 충격에는 민감하게 대응하는 운동성을 갖지만 다른 도형과의 접점은 가장 적다는 속성이 있다. 그리고 원에는 하나의 선이 있다. 원의 윤곽선輪郭線이다. 아무리 가늘어도 원의 안과 밖을 단절하는 이 선이 그려지고 나면 원의 내부와 외부는 영원히 일치할 수 없게 되고, 내부에는 '허무의 공간'이, 외부에는 '소외의 공간'만이 남는다. 그 어느 쪽도 '고독의 공간'이다.

베푸는 것과 받는 것 사이에는 틈새가 있다.
그리고 가장 좁은 틈새에 다리를 놓기가 가장 어려운 법이다.
나의 아름다움으로부터 굶주림이 자란다.

— 〈밤의 노래〉에서

결국, 자기탐구를 위해 그린 선이 오히려 자신을 고립시키는 결과를 가져왔다. 만약 모든 사람이 저마다 원을 그린 후 그 속에 들어갔다고 하자. 결과적으로 우리는 가장 고립된 개별의 상태가 되고 만다. 니체가 느끼는 태양의 냉혹함과 태양의 피로도 거기에서 비롯된 것이다.

아, 이것은 빛을 발하는 것에 대한 빛의 적개심이다.

빛은 가차 없이 자신의 궤도를 따라 돌고 있다.

빛을 발하는 것에 대해서는 가장 깊은 마음으로 불공평하게,

여러 태양들에 대해서는 냉혹하게, 이처럼 모든 태양은 제각

각 돌고 있다.

— 〈밤의 노래〉에서

〈밤의 노래〉에서 보이는 것처럼 '내면을 꿰뚫는 의문'과 '반복적 성찰'이 부족한 니체 방식의 사색에서는 부정적 정신이 자기인식에만 머물고, 이후 자신의 인식 반전으로는 이어지지 않았다.

니체는 결함투성이인 이 '태양의 원' 대신, 다음엔 '밤의 원'을 만들어 내려고 시도한다. 하지만 그 시도는 마치 지면에 비치는 자신의 그림자에 스스로 들어가서 휴식을 취하기가 어렵기에 그다음 방책으로 자신에게 그림자를 제공한 대상, 예컨대 건물이나 나무, 어두운 밤 등으로 다시 태어나기를 스스로 기원하는 것과 다르지 않다. 그러나 유감스럽게도 설령 자신이 건물이나 나무, 어두운 밤 등으로 변신할 수 있다고 해도, 변신한 순간 지면에 비치는 것은 다시 자신의 그림자이고, 그 그림자 역시 자신의 휴식처는 되지 못한다. 쉴 새 없는 그림자 만들기의 연속이고 허무한 회전을 되풀이할 뿐이다.

오상순이 자신의 밤을 '마지막 밤'이라고 부르짖은 이유도 여기에 있다. 아무리 위대한 '밤'이라도 일단 '밤의 원'이라는 고정관념 속에서 자신의 인식이 굳어지면 그 이상 다른 시간으로 이동할 수 없게 되고, 그러한 정지는 '죽음'으로 직결하기 때문이다.

이는 우리가 기존의 모든 사상을 접하는 경우에도 주의해야 할 학문적 자세이기도 하다. '신의 죽음'을 선언한 니체의 부정적 정신을 단순히 신을 부정하기 위해 사용한 사상이라고 받아들인다면, 또 하나의 고착된 사상과 또 하나의 신을 만들어 내는 결과로 이어질 뿐이다. 실제 이 순간에도 신의 죽음을 알린 니체의 추종자들이 본 적도 없이 마구 써 대는 신의 '사망확인서'가 우리 주위에 넘치고 있다.

우리에게 이 이상의 사망확인서는 필요치 않다. 우리가 니체의 철학에 갈채를 보낸 이유는, 종교와 사상과 도덕을 현실로부터의 도피처로 여기고 그 속에 안주한 채 생활기반으로 돌아오려고 하지 않는 이들의 눈을 뜨게 했기 때문이다. 또, 그러한 인간의 나약함을 악용하는 사람들에게 엄중한 경고를 했기 때문이다. 인간을 위해서는 가령 그것이 신일지라도 부정할 수 있다는 가능성을 보였기 때문이다.

마지막까지 자신을 추구한 자기탐구력과 그 근원에 닿았을

때 분출을 바라는 것은 인간이 지닌 본능이며, 그러한 자기인
식의 단계는 인간정신이 성숙해 가는 과정에서 소홀히 하지 않
아야 할 기본단계이다.

새로운 관련성을 향한 도전이라고도 할 이러한 분출의 힘은
니체뿐만 아니라, 예를 들어 마르셀 뒤샹(1887~1968)의 작품
〈샘〉에서도 보인다. 뒤샹에게 '변기'는 그의 반전의식을 솟아
오르게 하는 샘이었다. 다만, 문제라면 자신의 샘을 파려는 노
력은 하지도 않으면서 뒤샹의 〈샘〉이 분출하는 '변기'의 물을
계속 마시는 자이다. 그곳을 떠나지 않고 언제까지나 '변기 예
찬'만을 하는 자의 둔감하고 나태한 정신이다.

우리가 니체와 뒤샹에게서 체득해야 할 것은 반전反轉의 용
기이다. 결코 '변기'나 '신의 사망확인서'가 아니다. 그들의 사
상이 인간에게는 마치 '옷'과 다르지 않은 존재임은 틀림없다.
하지만 입을 가치를 잃은 옷은 짐만 되거나 작아서 다리 한 짝
도 들어가지 못하는 무용지물에 불과할 뿐이다. 성장과 계절
에 맞게 옷을 갈아입어야 하듯, 인간의 사상 역시 성숙해 가는
과정에 상응하는 크기와 내용을 함께 갖춰야 한다.

오늘날 '문화'라는 거대한 생명체는 '자기인식을 분출하는
힘'의 다음 단계를 요구한다. 자각의 시대를 거친 많은 지식인
들이 다음 탈출구를 찾고 있다. 내적 필연성에서 생성되는 예

술의 독창성을 다시금 요구하는 것이다.

우리는 기억해야 한다. '부정'은 인간존재를 탐구하기 위한 1단계이지 목표가 아니라는 것을. 태양으로 인해 존재하는 고통을 토로하는 것만으로는 그것이 아무리 밤의 장점에 대한 자각을 끌어낸 '부정'이었다 해도, 그래서 동경의 세계인 밤을 손에 넣었다 해도 의미가 없다.

만약 니체가 말하는 '디오니소스'가 밤 자체를 동경하고 밤의 상태를 유지하기 위한 사상이라면, 그것은 호흡이 아니라 한 번에 그친 한숨에 지나지 않을 것이다. 왜냐하면, 연속성을 갖지 않기 때문이다. 즉, 밤에서 낮으로, 다시 낮에서 밤으로 시간 이동을 할 수 없기 때문이다.

4. 인식의 주름

〈아시아의 마지막 밤 풍경〉에는 있고 〈밤의 노래〉에는 없는 것, 그것은 '인식의 주름'이다. 반복성이 없는 사상은 인식의 주름을 만들 수 없기 때문이다. 반전反轉의 반전은 바로 인식의 호흡이며 주름은 그 흔적이다.

살기 위한 호흡이 결과적으로 죽음을 향한 운동이 된다는 삶의 모순은 창작과정에도 그대로 적용된다. 인식의 결과 없이 창작할 수 없고, 창작의 과정 없이는 인식의 폭이 넓어지지 않는다. 즉, 창작과정에서 인식의 주름은 결과이기도 하며 필수조건이기도 하다. 창작을 위해 인식은 앞 단계에서 자신이 내린 결과로부터 빨리 멀어지고, 더욱 근본적인 곳에 도달하기위해 반복적으로 발을 내디뎌야 한다.

더욱이 그 같은 반전은 무의식적으로 이루어져야 한다. 만약 순간에서 순간으로 이동하는 그 반전을 일일이 의식적으로 실행하다 보면, 순간적 반전으로 점철된 이 세상은 완전히 반전 자체가 목적이 되어 다른 일은 전혀 살필 수가 없게 된다. 그야말로 반드시 반전해야 한다는 또 하나의 고정관념, 이른바 '반전 강박증'과 같은 상태가 되기 때문이다.

그렇다면 연속적이고 무의식적으로 반복해야만 하는 이 반전의 순간을 각성시키는 것은 무엇일까. 그 본능적인 것이 바로 오상순과 니체가 말한 '타고난 자각 욕구'라고 할 수 있겠다. 자기탐구욕으로부터 그들의 삶에 대한 의문, 즉 반전의 시기를 판단할 수 있는 자율적 의지가 시작된 것이다.

모든 사람과 같이, 하나의 물방울로 태어난 그들의 삶의 노래가 지금도 시들지 않고 당당하게 우리 눈앞에서 계속 흐르는 이유와 그들의 정신이 시간 경과로 인한 증발의 시기를 늦출수 있게 된 이유는 그들이 자신의 원천을 발견하고 근원에 이르기까지 파내기를 멈추지 않았기 때문이다.

그러나 니체의 사상이 동경에 기인하는 분출의 힘으로 흘러 넘친 결과 소극적이고 단선적인 흐름이 되었다면, 오상순의 경우는 〈아시아의 마지막 밤 풍경〉 시 한 편 속에서도 물 본래의 원리에 따라 시작詩作이라는 많은 계곡을 적극적으로 돌면서 영상과 사상의 합류를 거듭해 온 과정적이고 복선적인 흐름이라고 할 수 있겠다.

5. 그림자, 움직이는 그림자

인간의 정신이 시간의 경과로 인한 증발의 시기를 늦추는 방법은 자신의 원천을 갖는 것이다. 그런 다음 다른 것과도 합류하면서 흐름을 지속하는 것이다. 그때는 우리 삶의 인식에도 자연과 주름이 생기고, 그 주름의 굴곡과 접힌 곳, 구부러진 곳마다 '그림자'가 만들어질 것이다. 나는 이 인식의 주름이 만들어 내는 '그림자'에서 비로소 오상순의 문학 정신을 발견하고 그 미학美學을 찾아낸다.

장엄한 해나 달―그것에 보다도 오월 신록의 나뭇잎을 새며 미풍에 고이 흔들려 어른거리며 노니는 따위의

일광의 그림자나 월광의 그림자의 춤의 운율과 여운에, 그 심
장이 놀라며 영혼이 잠 깨는 아시아의 마음 ―

　　　　　　　　　　　　　　　　― 〈아시아의 마지막 밤 풍경〉에서

　　결국, 오상순이 찾던 것은 '태양도 달도 아닌' '그림자'이다.
그는 말한다. "아시아의 미학은 빛과 어둠 양쪽을 필요로 하는
미학이다"라고. 그는 인간의 정신은 한 장의 나뭇잎처럼 되는
것이고, 빛과 바람에 의해 수없이 면을 바꿔 가며 그때마다 새
로운 그림자를 만들어 내는 것이라고 한다. 또 인간의 사상은
새로운 발견의 은유로 채워진다고 한다.

　　의미 깊은 곳에서 만들어지는 그림자를 문장 속에 자연스럽
게 발생시키는 것과 그 '인식의 주름'이 만들어 내는 '표현의 그
림자'가 문장을 읽는 이들의 상상력을 자극해서 또 새로운 의
미를 확산시킬 힘을 갖는다. 또한 의미 하나에 고정되지 않는
것이고, 빛과 어둠이 공존한다는 증거이자 변화 가능성의 상
징이기도 한 '그림자'를 갖는 것, 그것이 바로 오상순의 문학관
이다.

　　하지만 여기서 또 한 가지 기억해야 한다. 오상순이 찾던 것
은 '고정된 그림자'가 아니라는 점이다. 그가 말하는 '그림자'는
'일광이나 월광의 운율과 여운에 맞추어 춤추는' '움직이는 그

림자'이다. 고정된 그림자는 영원한 어둠과 영원한 밤을 의미
하기 때문이다. 따라서 움직이는 그림자가 되기 위해 부단히
노력하는 것, 이는 그림자를 가진 존재자의 책임이다. 그럼으
로써 그림자는 비로소 존재감을 나타내는 증거가 되고 표현의
힘과 아름다움의 근원으로 변한다. 혼돈의 바람이 불면 불수
록 나뭇잎은 춤을 멈추지 않는 그림자를 만들고, 머지않아 숲
은 찬란한 은하계銀河系를 이룬다.

　　이처럼 한 곳을 고집하지 않는 그림자야말로 진정한 휴식
처, 무한한 은유의 힘, 또 생명을 키우는 힘으로 이어진다는
통찰은 오상순의 20대뿐만 아니라 이후의 삶과 문학의 저류가
된다. 밤으로부터 출발한 오상순의 세계인식은 그림자 속에서
합쳐진 커다란 자유와 주름과 그림자가 가진 힘의 풍요에 대한
발견에 이미 도달했다.

《문학사상》(2016. 3)

공초空超 소고小考
오상순 선생님의 면목面目

박호준(朴虎準) 시인

장님이 코끼리를 더듬는 노릇이 될까 두렵지만, 〈짝 잃은 거위를 곡哭하노라〉의 감응感應으로 공초의 뜨락을 맴돌던 20대 초반에서부터 필자도 어언 60고개의 황혼 마루에 이르렀다. 그러나 더더욱 사무쳐 오는 거상巨像 공초 오상순 선생을 이 둔재로서야 그 진수를 그려 볼 재간이 있을 턱도 없지만, 요량도 없이 기왕에 뛰어든 숲속이라, 아리숭한 방향감각일지라도 한숨 돌리면서, 저기 사시절 푸르고 우뚝한 거목을 이모저모 짚어 볼까 한다.

해와 달이 낮과 밤을 구별케 하고 천지만물은 이에 적응하며 생멸의 섭리를 속절없이 따라가는데, 사람들은 이를 거부도 하여 보고, 순응도 하고 의젓이 소화도 하면서 살아가고 있다. 어머니의 산고 끝에 외마디 울음으로 생명의 신비를 증득하면

서, 우리 인간들은 만물의 영장된 행진의 동참자가 되어 길고
도 짧고, 짧고도 긴 여로에 든다. 삼라만상과 형형색색의 행태
에 접하여 '철이 들자 망령난다'는 속담이 있듯이, 어쩌면 시작
도 끝도 없는 분별과 갈등과 망상의 연속적 상승작용으로 하여
취생몽사의 늪에서 헤어나지 못하는 예는 지극히 일반적이랄
수밖에 없을 성싶기도 하다. 이에 우리들은 석가모니, 예수,
공자를 인류 역사상 3대 성현으로 숭상하고 더욱 몸 바쳐 따르
고 있음이리라.

불가佛家의 현자들이 이르기를 부처는 부처를 아니 보고, 성
인이라야 성자를 볼 수 있다고 한다지만, 공초 대인의 면목을
다시금 새겨 볼 이 기회에 졸견으로 하여 호랑이를 못 그리고
고양이로 그려지는 개구쟁이 놀음이 되더라도 도리가 없다.

수많은 선현, 대가, 학자, 논객들이 만유의 본질적 탐구와
인간의 실체적 의의와 그 발전적 계발의 노력과 나아갈 생과
사의 경계에서 영생영락의 도리를 체감·체달하고자, 의식적
으로나 또한 무의식중에서도 갈구하고 있음이 바로 삶의 증거
일 것이다.

이러한 실상으로 하여 잠을 깨면 하루 종일 사량思量과 분별
의 연속이며 밤이 되어 잠을 자면 꿈의 연속일진대, 한순간 일
심불란一心不亂의 계기에 들었다가도 그 순간이 지나면 역시 미

혹 망상의 분별에 빠져들기 일쑤이다. 그렇기에 죽은 듯 깊은 잠에 들었다가도 꿈속을 헤매다가 깨고 나면 아무것도 아닌 현실의 천정만 멀거니 보게 된다.

도대체 사람은 단 한 찰나도 '절체절명의 이것이다' 하는 것을 갖지도 잡지도 이루지도 못한다 함을, 흔히들 알려고도 아니하기가 첩경일 뿐이다. 알고 있다 하더라도 마음뿐으로 그 아는 바를 실천, 현실화하기가 참으로 어려우리라. 즉, 심행일치, 언행일치가 이리도 어려움이리라.

그러나 누구이든 꽃을 보면 아름다움을 느끼고 추우면 불을 찾고 목마르면 물을 찾고 배고프면 먹이를 갈구하듯이 사람들은 항상 되풀이하여 갈망하는 대상이 있게 마련이다. 이러한 기본적 욕구를 원초적이요 일상적이라 한다면, 그 위에 보다 더 많이, 보다 더 높게, 크게, 영구히라는 욕망이 끊임없이 채찍질한다. 이 끝없는 욕구의 채찍을 못 견디면 사람들은 항상 불만스럽고 초조하고 불행하게 느껴진다. 따라서 마음의 안정을 얻을 길 없을까, 알아서 불행하고 몰라서 초조하며, 문을 열면 천 갈래 만 갈래 길을 종잡을 수 없기가 다반사여서, 사원을 찾아 들고 성당을 찾아 가고 교회의 문을 두드린다.

부처님 자비에 매달려 발원發願하고, 하느님의 권능에 의탁하고, 천신, 지신, 만신을 섬겨도 본다. 그러나 불안하고 초조하고 번민하고 두려워하는 마음의 동요와 갈등을 완벽하게 해소하여 명실상부한 구원과 영생과 만족의 자기승화를 얻기란 그리 쉽지가 아니하다. 일귀하처一歸何處의 해답을 오리무중에 두는 것이 예사일 따름임에랴.

필자는 거슬러 30여 년 전, 기연奇緣으로 맺은 당시 일본 내왕 배편 선장의 안내를 받아 임시수도 부산의 남포동 찻집에서 공초 선생과 노천명 선생께 인사드리고 뵈옵게 된 것이 인연의 시발이었다. 그 후 최인훈 작가 등과 함께 폐허 명동으로 공초 주변을 맴돌아 수많은 공초 문하 노·소장 제위의 끝자락에서 청동靑銅산맥을 오르고 있었다.

그 등반길이 칠흑 한밤에도 무섭지 아니하였고 배고프고 숨이 차고 목이 말라도 들리는 것, 보이는 것, 손에 잡히는 것 하나 없어도 항상 즐거웠고 평화로웠고 근심 걱정 없이 만족스러웠다. 따라서 나는 청동 준령을 떠날 수 없었다.

공초에게는 아무것도 없었으나 공초는 항상 충만해 있었다. 거리의 찻집에서, 걸인으로부터 정치·경제·사회·문화 제반 분야의 중추적 인걸에 이르기까지 공초의 청동산맥은 그 등반 대열로 끊임없이 동참되어 있었다. 거기에는 오욕五慾이 순화되는 자족自足의 희열이 있었고, 삼독심三毒心이 소멸되는 반갑고 고마운 기쁨이 있었다.

이는 세속의 가시방석에서 공초의 꽃방석에 들어 있음이었다. 맑고 추함에 매이지 아니하였고, 있고 없음에 개의치 아니하였고, 높고 낮음에 경계가 없었다. 비워도 비워도 바닥이 드러나지 아니하는 한 치의 여분이 있었으며, 부어도 부어도 넘침이 없었고, 들고남이 따로 없으니 문이 없었다. 그러나 낡은 옷깃에도 때 묻지 아니하고, 낡은 구두라도 먼지는 닦았으며, 인과因果의 자리에는 칼날같이 분명하되 이르는 곳마다 선경仙境의 장이었다. 실로 무애지현전無礙智現前의 극치에 이르는 도량이었다.

따로 정해진 거처가 없어도 천상천하에 공초의 거처 아님이 없었고, 무정설법無情說法도 유정설법有情說法도 공초의 일상사가 아니었다. 공초의 묵연양구默然良久는 사활을 질타하고, 사활이 공초에게 순종을 하고, 천둥 번개가 그의 발아래서는 철부지 아이들의 불장난으로 소화되어 있었다. 고관대작의 거드름이 허깨비 놀음이요, 금은보화의 광택과 위력은 공초의 손끝에서 바스러져 겉치레를 씻었다.

봄이 오면 꽃이 되어 주고 여름이면 그늘이 되어 주고 가을이 오면 결실을 실감케 하여 주고 겨울이 오면 솜이불이 되어 주시던 공초에게는 어제와 내일이 한 손에 들어 있었고, 너와 내가 따로이 없었다. 하늘과 땅을 양 무릎에 깔아 두고, 무궁

무진한 조화의 흐름과 그에 따른 빛과 바람과 소리와 형상과 색깔과 광택과 번득이는 영감은 반죽되어 항상 따뜻하던 그의 손에 올려 놓이는 대로 반갑고 고맙고 기쁜 마음이 충만해 있었다.

그러나 밤과 낮이 있고, 동쪽과 서쪽이 마주 있듯, 생과 사의 엄연한 실상에서 해 저무는 밤길을 영민하여, 귀하디귀하면서도 한없이 거추장스러웠던 가죽 자루에서 참 해방의 짐을 내림에, 오호라 한 점 혈육도 남김이 없었다.

시작詩作이라는 형식의 방편으로 인생을 노래하고 해부하고 조립하고 거부도 하면서 원색적 숙명으로부터 탈출의 몸짓으로 일관하다가 마침내 무생법인無生法忍을 증득하고 명실상부한 공초의 진제眞諦에 이르러 지금도 천지간과 생사간의 경계 없이 현실적 시공에서 생동하고 있음을 본다.

얼핏 보면 걸인 같고 자세하게 보면 신선 같던 공초, 일체처一切處, 일체시一切時에 지닌 것 없었고 남긴 것 없었으니 이로 하여 공초 가문은 항상 풍만하고 그 가풍은 맑고 밝고 아름다웠으며, 그날 이후 혈맥은 영원토록 튼튼하고 끊임없이 이어졌다. 공초 입적入寂에 각층각계가 운집되었고 절손絶孫을 비감할 틈은 있을 수 없었다. 시인 구상 님을 장자로 하여 수천의 연생緣生들이 공초의 유택幽宅을 다듬고 모셨으며, 세세연년 끊임없이 보존되고, 공초의 가풍을 기리고 따르며, 그 덕목을 수행의 표적으로 하여 이심전심以心傳心 학습되어 가고 있다.

공초는 오늘도 흐름 위에 머문 혼의 등불로 암울한 구석구석을 밝힘에 일여하고, 상석 옆에 다듬어져 있는 자연석의 재떨이에서는 꺼질 수 없는 담배 향불이 생전의 편모片貌를 실감케 한다. 피안의 공초는 담배연기 피어오르는 오늘을 통공通空의 노정으로 명상하며 간수하고 산책하리라.

6·25의 참화 중에도 전매청 당국에서 담뱃값을 인상하는 그 전날 저녁 무렵에, 담배 한 보루를 보내 주었다. 그 이후에도 담배가 한 보루 전매청에서 오면 그 이튿날부터 담뱃값이 어김없이 기습적으로 인상되었다. 하루에 평균 열 갑이 넘게 담배를 피우셨지만 풍진 세상을 향불로 순화하는 향의 태움이었으며, 그의 육신은 하나의 향로로 대치되어 있었으리라.

공초는 유명세에 전혀 연연하지 않았다. 유명 무명은 도대체 공초의 안중에는 없었으니, 이름에 매이는 아무런 동아줄도 없었다. 그렇다고 궤짝에 들어 있지도 아니하였고, 알렉산더를 비켜서게 하는 요청도 하지 않았다.

공초는 있는 그대로의 자재自在였고, 한 점이었고, 그 한 점 안에는 우주가 포용되어 있었다. 그의 '한 치 여분'은 영원과 충만으로 양성되어 있었다. 민족적 비극의 장벽을 뚫은 시인

이 글이 실린 《시인 공초 오상순》의 표지

구상은 일찍 공초의 가풍에 합일되고, 유무일체의 도리가 밝게 열려 있었다. 시방삼세十方三世의 삼천제불三千諸佛을 섬기기보다는 한 사람의 대도인大道人을 봉양하라는 말과 같이 공초와 구상은 숙명적 인연으로 불가분화不可分化되어 왔다.

　내 공초 가문의 세속장자世俗長子로 지금껏 공초를 수호하고, 공초를 학습케 하고, 공초 대도를 연마하며, 대소 제행諸行을 집념으로 감내하고 있음은, 참으로 마음 든든하기 이를 데 없다. 공초의 지고한 경지와 그 체취는 하늘을 받친 기둥으로서 어둡고 어렵고 어지러운 세사만경世事萬頃에 빛이 되고 소금이 되고 봄비가 되어 생사고락의 암울한 오늘이 동트는 새벽길로 점점이 밝아지리라.

공초 가문의 영원한 도량이요 선경이요 신당神堂으로서 수유리 유택은 이 봄에도 잎이 피고 꽃은 피거늘, 본 검수黔首는 지금도 노변행자이고 칠흑 밤길이 끝 간 데 없다.

구상 편, 《시인 공초 오상순》(자유문학사, 1988)

수주 변영로가 쓴 오상순 관련 수필

한 시절을 술로 풍미했던 수주^{樹州} 변영로^{卞榮魯}와 공초 오상순은 기질이 180도로 다른 사람이다. 수주는 명정^{酩酊}의 상태로 한 생을 살았고, 공초는 명상^{冥想}하면서 한 생을 살았다. 수주하면 생각나는 것이 술이요 공초 하면 생각나는 것이 담배다. 수주의 생은 지나친 음주로 수많은 실수의 연속이었지만, 공초의 생은 대덕^{大德}이나 고승^{高僧}처럼 흠결을 한 점도 남기지 않았다. 공초가 네 살 연상이었다.

두 사람이 《폐허》 동인으로 만났었다고는 하지만 술을 평생 벗하며 '지상'의 삶을 영위했던 수주와 담배를 평생 벗하며 수도승 이상으로 '천상'의 삶을 추구했던 공초가 소위 말하는 '절친'이었다는 것은 아이러니한 일이다. 수주는 생전에 수필을 많이 썼다. 1953년 〈서울신문〉사에서 《명정^{酩酊} 40년》을, 그 다음해에 《수주^{樹州} 수상록》을 냈는데 이 두 책을 보면 공초와의 이야기를 쓴 3편의 수필을 발견하게 된다.

수필을 읽어 보면 수주가 공초와 어떤 관계였는지, 어떤 우정을 나누었는지, 어떤 우스꽝스런 일화가 있었는지 알 수 있다. 젊은 날의 공초를 아는 데 도움이 될 글이라 여겨 이 자리에다 싣는다. 예전 글이다 보니 어려운 한자어가 많이 나온다. 민충환의 편저본을 참고하였다.

민충환이 편한 변영로의 수필집 2권의 표지

백주에 소를 타고

역시 혜화동 우거^{寓居}에서 지낼 때였다. 어느 날 바쿠스의 후예들인지 유령^{劉伶}1의 직손들인지는 몰라도 주도^{酒道}의 명인들인 공초, 성재^{誠齋}(이관구), 횡보^{橫步}(염상섭), 3주선^{酒仙}이 내방하였다. 설사 주인이 불주객^{不酒客}이란대도 이런 경우를 당하여서는 별 도리가 없었을 것은 거의 상식 문제인데, 주인이랍시는 나 역시 술 마시기로는 결코 그들에게 낙후되지 않는 처지로 그야말로 불가무일배주^{不可無一杯酒}2였다.

허나 딱한 노릇은 네 사람의 주머니를 다 털어도 불과 수삼

---

1 유령: 중국 서진(西晉)의 사상가로 죽림칠현의 한 사람인데 술을 몹시 즐겨 〈주덕송〉(酒德頌)이라는 글을 남겼다.
2 불가무일배주: 없어서는 안 될 한 잔 술.

원, 그때 수삼 원이면 보통 주객인 경우에는 3, 4인이 해갈은 함즉하였으나 우리들 4인에 한하여서는 그런 금액쯤은 유불여무有不如無3였다.

나는 아무리 하여도 별로 시원한 책략이 없어, 궁하면 통한다는 원리와는 다르다 해도 하나의 악지혜(기실 악은 없지만)를 안출하였다. 동네에서 어느 집 사동 하나를 불러다가 몇 자 적어 화동花洞 납작집에 있는 〈동아일보〉사로 보냈다.

당시 〈동아일보〉사의 편집국장은 고 고하古下(송진우)였는데, 편지 사연은 물을 것도 없이 술값 때문이었다 — 좋은 원고를 기고할 터이니 50원만 보내 달라는 것이었다. 우리는 아이를 보내 놓고도 마음이 여간 조이지를 않았다. 거절을 당하든지 하면 어쩌나 함이었다.

10분, 20분, 30분, 한 시간, 참으로 지루한 시간의 경과였다. 마침내 보냈던 아이가 손에 답장을 들고 오는데 우리 4인의 시선은 약속이나 한 것같이 한 군데로 집중되었다. 직각도 직각이지만 봉투 모양만 보아도 빈 것은 아니었다. 급하게 뜯어보니 바라던 대로, 아니 소청所請대로의 50원, 우화寓話 중의 업 오리 금알 낳듯 하였다.

---

3 유불여무: 있으나 마나 함.

이제부터 이 50원을 어떻게 유효적절하게 쓰느냐는 공론이었다. 그때만 해도 50원이면 거금이라 아무리 우리 넷이 술을 잘 먹는대도 선술집에 가서는 도저히 비진費盡4시킬 수 없었던 반면에, 낮부터 요정에 가서 서둘다가는 안심이 안 될 정도였다. 끝끝내 지혜의 공급자는 나로서 나는 야유野遊를 제의하였다. 일기도 좋고 하니 술 말이나 사고 고기 근이나 사 가지고 지척인 사발정 약수터(성균관 뒤)로 가자 하니 일동이 좋다고 하였다.

그리하여 우리 일행은 명륜동에 있는 통신중학관(고 강상희 군이 경영하던)으로 가서 그곳 하인 어 서방을 불러내어 이리저리하라 만사를 유루遺漏없이5 분부하였다. 우리는 참으로 하늘에나 오를 듯 유쾌하였다. 우아하게 경사진 잔디밭 위에 둘러앉았는데 어 서방은 술심부름, 안주 장만에 혼자서 바빴다. 술은 소주였는데 우선 한 말을 올려다 놓고 안주는 별것 없이 냄비에 쇠고기를 끓였다.

참으로 그날에 한하여서는 쾌음快飮, 호음豪飮하였다. 객담客談, 고담古談, 농담弄談, 치담痴談, 문학담을 순서 없이 지껄

───────

4 비진: 다 써서 없앰.
5 유루없이: 빠짐없이.

이며 권커니 잣거니 마셨다. 이야기도 길고 술도 길었다. 이러한 복스러운 시간이 길이 계속되기를 빌며 마셨다.

그러나 호사다마랄까, 고금무류古今無類의 대기록을 우리 4인으로 하여 만들게 할 천의天意랄까, 하여간 국면이 일변되는 사태가 의외에 발생하였다.

그때까지는 쪽빛같이 푸르고 맑던 하늘에 난데없는 검은 구름 한 장이 떠돌더니, 그 구름이 삽시간에 커지고 퍼져 온 하늘을 덮으며 비가 쏟아지기 시작하였다. 그야말로 유연작운油然作雲,6 체연하우滯然下雨7 바로 그대로였다. 처음에 우리는 비를 피하여 볼 생각도 하였지만 인가 하나 없는 한데이고, 비는 호세 있게 내려 속수무책으로 살이 보일 지경으로 흠뻑 맞았다. 우리는 비록 쪼루루 비두루마기를 하였을망정 그때의 산중취우山中驟雨8의 그 장경은 필설난기筆舌難記9였다. 우리 4인은 불기이동不期而同10으로 만세를 고창高唱하였다.

그 끝에 공초 선지식善知識11이 참으로 공초식 발언을 하였

---

6 유연작운: 구름이 피어나는 형세가 왕성함.
7 체연하우: 쏟아지는 빗줄기의 기세가 세참.
8 산중취우: 산에서 소나기를 만남.
9 필설난기: 글과 말로 이루 다 기록하기 어려움.
10 불기이동: 기약 없이 하나가 됨.

다. 참으로 기상천외의 발언이었던바, 다름 아니라 우리의 옷을 모두 찢어 버리자는 것이었다. 옷이란 워낙 대자연과 인간 두 사이의 이간지물離間之物12인 이상, 몸에 걸칠 필요가 없다는 것이다. 그럴 듯도 한 말이었다.

공초는 주저주저하는 나머지 3인에게 시범을 보여 주듯이 먼저 옷을 찢어 버렸다. 남은 사람들도 천질天質13이 그다지 비겁치는 아니하여 이에 호응하였다. 대취한 4나한裸漢들이 광가난무狂歌亂舞14하였다. 서양에 Bacchanalian orgy(바쿠스 식 조란躁亂이란 뜻) 란 말이 있으나, 아무리 광조狂躁15한 주연酒宴이라 해도 이에 비하여서는 불급不及이 원의遠矣일 것이다. 16

우리는 어느덧 언덕 아래 소나무 그루에 소 몇 필이 매어 있음을 발견하였다. 이번에는 누구의 발언이거나 제의였던지 이제 와서 기억이 미상하나 우리는 소를 잡아타자는 데 일치하였다. 옛날에 영척甯戚17이 소를 탔다고 하지만 그까짓 영척이란

11 선지식: 바른 도리를 가르치는 사람.
12 이간지물: 두 사람 사이를 서로 멀어지게 하는 물건.
13 천질: 타고난 성질.
14 광가난무: 마구 소리쳐 노래 부르고 어지럽게 춤을 춤.
15 광조: 미쳐서 날뜀.
16 불급이 원의일 것이다: 따라가지도 못하고 더 멀어질 것이다.
17 영척: 춘추시대 위나라 사람. 집이 가난하여 다른 사람의 수레를 끌었

놈이 다 무엇이냐, 그따위 것도 소를 탔는데 우린들 못 탈 바 어디 있느냐는 것이 곧 논리이자 동시에 성세聲勢[18]였다.

하여간 우리는 몸에 일사불착一絲不着한 상태로 그 소들을 잡아타고 유유히 비탈길을 내리고 똘물[19]을 건너고 공자 모신 성균관을 지나서 큰 거리까지 진출하였다가 큰 봉변 끝에 장도壯圖[20] (시중까지 오려던 일)는 수포로 돌아가고 말았다.

는데, 젊은 시절 그를 알아주는 사람이 없었다. 제나라의 환공이 사람을 알아본다는 말을 듣고 제나라로 가서 소몰이를 하며 살아갔다. 쇠뿔을 두드리며 자기 뜻을 노래하자 환공이 그가 비범한 인재임을 알아보아 벼슬길을 열어주었다.

18 성세: 명성과 위세.
19 똘물: 소나기로 인해 갑자기 생긴 도랑물.
20 장도: 크게 도모하는 계책이나 포부.

공초空超와의 소광이태騷狂二態

공초는 30여 년의 구교舊交1이다. 그가 도시샤대학 신학부를 마치고 와서 모 교회의 전도사의 직임을 맡아볼 때부터 서로 알게 되었다. 이즈음 공초는 머리를 중같이 빡빡 깎고 다니지만, 당시는 길게 길러 '올백'을 하고 종일 그 긴 손으로 쓰다듬는 것이 일이었다. 차양 넓은 모자를 쓰고 단정한 보태步態로 성서나 철학서를 옆에 끼고 다니는 것이었다.

하루는 내가 어디를 지나려니까 어느 조그만 교회의 문 앞에 '오늘 밤 오상순 전도사 특별설교今夜 吳相淳 傳道師 特別說敎'라는 광고가 붙어 있기에 제백사除百事2하고 들어갔더니 한창 설교

---

1 구교: 오래 사귄 친구.
2 제백사: 하나의 일만을 위해 다른 일을 다 젖혀놓음.

중이었다. 그때까지는 비록 피차에 인사한 적은 없었지만 그는 나를 잘 알고 있었기 때문에 내가 들어가서 뒷자리에 착석하는 것을 흘끗 보자 설교를 게둥대둥[3] 끝을 내어 버리고는 그길로 교단에서 내려와서 그 '유난히도 길고 부드러운 손'으로 악수를 청하는 것이었다. 소위 일면여구一面如舊[4]였다.

부랴부랴 교회 문을 나서서 거리로 나오자 머리 잘 쓰다듬는 얌전한 오 전도사는 어디 가서 독주를 마시자고 돌연히 의외의 제의를 하는 것이었다. 우리는 그 길로 대관원大觀園으로 직진하여 배갈을 마셨다. 실제 나이는 공초가 위이나 술 나이는 내가 위여서 나는 술을 한창 먹을 때였지만 공초는 풋술[5]도 못 되고 비로소 배우는 중이었다. 물을 것도 없이 이번이 공초와 나와의 처음 대작對酌이었다.

술도 술이지만 그날에 한해서는 술은 도리어 제2차적이 되고 주로 시 이야기, 소설 이야기, 철학 이야기로 복잡하여 두서가 없는 듯 미묘하여 요령이 없는 듯 밤이 이슥토록 종횡 환담을 하고 나오는 판인데, 공초는 또 파천황破天荒[6]의 제의를

---

3 게둥대둥: 말이나 행동 따위를 되는 대로 아무렇게나 하는 모양.
4 일면여구: 처음 만나 보고서 오랜 친구같이 친밀하게 대함.
5 풋술: 맛도 모르고 마시는 술.
6 파천황: 이전에 아무도 한 적이 없는 일을 처음으로 하는 일.

하는 것이 아닌가. 다름이 아니라 이 같은 양야良夜7에 집에 들어갈 수는 없고 하니 남산에를 올라가자는 것이었다. 나에게는 좀 벅찬 제의이긴 하였으나 이의를 제기하거나 반대를 하였다가는 '구치救治할 수 없는 범물凡物'이란 인상을 줄까 보아서 나는 하는 수 없이 묵종默從8하였다.

산을 허위허위 올라가면서 괴테의 《파우스트》에 나오는 '발푸르기스의 밤' 생각이 떠올랐다. 야반에 두 취한醉漢이 인적 끊어진 산을 기어오른다는 것이 주준酒樽9들을 타고 발푸르기스의 산중으로 나르는 데 비하여 다름이 무엇이랴! 광인狂人들의 광태狂態라고나 할까.

우리는 이윽고 정상에 올라가서 잠두蠶頭10에 자리를 잡고 뿌린 듯이 찬연한 성두星斗11를 첨앙瞻仰12하면서 산상 경야經夜13의 결의를 한바, 술에 취하고 이야기에 취하고 신교新交14

---

7 양야: 하늘이 맑고 달이 밝은 밤.
8 묵종: 이러니 저러니 말하지 않고 복종함.
9 주준: 술통.
10 잠두: 누에머리같이 생긴 산봉우리.
11 성두: 별들.
12 첨앙: 우러러 봄.
13 경야: 밤을 지새움.
14 신교: 새로운 사귐, 또는 그러한 친구.

에 취하여 시간 가는 줄을 모르다가 어느 때쯤인지 습골拾骨하는 한기에 경기驚氣하여 보니 전신이 비 맞은 듯 안개와 이슬에 흠뻑 젖었던 것이다!

이 일이 있은 다음 기일幾日15이 격하여서였다. 이번에도 틀림없이 공초의 제의로 중추야中秋夜 한강 행을 하였던 것이다. 술은 양주 몇 병을 휴거携去하는 정도였으나 담배만은 굉장히 장만해 가지고 갔었다. 당시 5전 하던 '칼표 담배'를 50여 갑이나 꾸려 가지고 갔었다. 강변에 이르니 그야말로 강색무한호江色無限好16였지만 교교명월皎皎明月17 더할 나위 없는 풍경이고 정취였다. 적벽부赤壁賦18 한 줄도 못 지은 채로 동파東坡19 시재詩才의 졸拙함을 새삼스레 느꼈다. 우리는 뱃사공 한 명을 불러서 교섭, 배를 중류에 띄우라고 하였다.

배에 오르니 사공은 눈치 없이, "어디로 저으랍쇼" 하였다.

우리는 사공 말에, "젓기는 그 어디로 저어? 우리 탄 배는 가

---

15 기일: 며칠.
16 강색무한호: 강가의 풍경이 더할 수 없이 좋음.
17 교교명월: 매우 맑고 밝은 달.
18 적벽부: 중국 송나라 때의 문인 소식(蘇軾)이 지은 글로 뱃놀이의 기쁨과 옛 싸움에 대한 회상이 펼쳐진다. 천지의 장구함에 비해 인생이 짧고 덧없음을 한탄한 작품이다.
19 동파: 소식(蘇軾)의 호.

는 배도 아니고 흐르는 배도 아니고 건너는 배도 아니니 그저 강상江上에 띄워만 달라"고 답하였다.

우리 말에 어리둥절한 사공은 의아스런 태도였으나 우리 소청에 응할 수밖에는 없었다. 선복船腹20에 좌정한 다음 우리는 가지고 나갔던 술과 담배를 놓았다. 황양晃漾21한 강상 안에 두둥실 떠서 담배를 유일한 안주로 서로 술잔을 주고받았다. 우리는 우리들의 흥에나 겨워서 그랬지만 사공은 무료를 못 이기는 듯 선두船頭에 쪼그리고 앉아서 우리들의 동정을 유심히 살피다가 팔짱 긴 채 새새 조는 것이었다.

우리는 술은커녕 어찌도 쉴 새 없이 밤새껏 피웠던지 사공은 이윽고 참다못하여 "무슨 궐련들을 그리 피우시오. 동도 트고 있고 춥기도 하니 그만들 들어가지요" 하며 독촉을 하여 아무리 뱃삯을 많이 주어도 귀찮다는 태도였다. 사실로 중추仲秋의 새벽은 여간 춥지 않았다.

담배 탓이겠지만 혀는 감각을 잃을 지경으로 깔깔하였다. 사공의 독촉에 마지못해 양보를 하고 강안江岸으로 나오고야 말았는데 그다지도 많이 가지고 갔던 담배는 불과 4, 5갑밖에

---

20 선복: 배 가운데 짐을 싣게 되어 있는 바닥.
21 황양: 물이 깊고 넓게 출렁거림.

남지를 아니하였다. 그날 밤 한강의 청류는 우리가 내버린 흡각吸殼22으로 얼마간 오탁汚濁23되었으리라. 일부러 재연 못할 지난날의 광태여!

---

22 흡각: 담배꽁초.
23 오탁: 더럽혀짐.

시인 공초 오상순을 말함

공초가 벌써 육순이 되다니!

나보다 네 살 연상이니 나도 길지 않은 4년만 지나면 육순이 되겠구나 하는 생각을 하니 무엇보다도 마음이 썰렁하여진다. 이러쿵저러쿵 공초도 틀림없이 청장년을 지나쳐 제아무리 발버둥질을 치더라도 염라국 사자使者에게 붙잡힌 듯 노년기로 발을 들여놓지 아니치 못하게 되었다.

이발을 하되 중도리만 돌려 깎아 장미계長尾鷄[1] 꼬리 같은 광택 있던 공초의 흑발이 이즈음은 중머리같이 바짝 깎은 데다가 함빡 서리가 덮였다. 더욱이 볼도 여위고 눈가죽도 처지고 갈데없는 늙은이 타입에 틀림없다. 회고컨대 내가 공초와 알게

---

1   장미계: 꼬리가 긴 닭.

된 지도 그럭저럭 35년이 되나 보다.

공초가 일본 교토 도시샤대학 신학부를 마치고 귀국하여 모교회의 전도사 노릇을 하던 무렵부터 지우금일至于今日2 한결같이 교분을 지켜 내려오는 중이다. 그러나 췌언贅言3 같으나 그때와 지금의 정의상情誼上 농담濃淡4 차이가 있음을 말하여 둔다. 까닭은 사상이나 감정의 부조화라기보다는 피차간 성격의 괴리에 있는 듯하다. 말하자면 나의 성격은 초조하니만큼 드러내기에 바쁘고, 공초의 성격은 과히 느즈러지지도 않은 채로 숨기고 가리는 무엇이 많은 듯이 나는 느꼈다.

나와 통틀어 다른 점은 그는 아무리 친구에게라도 자기의 사생활에 미치는 것은 알세라 하지 않는 것이다. 그리하여 누구보다도 장년월長年月5을 사귀어 내려온 나는 누구보다도 그의 사생활을 모르는 것이다. 알려고 노력도 하지 않는다.

우리는 상기한 대로 35, 6년간을 서울은 물론이고 동경으로 북경으로 함께 방랑도 많이 하였고 담론도 많이 하였으며 취중 추태도 웬만큼 함께 피우고 부렸지만, 아무래도 공초의 진정

---

2 지우금일: 오늘에 이르기까지.
3 췌언: 쓸데없는 군더더기 말.
4 농담: 생각이나 표현의 강함과 약함.
5 장년월: 오랜 세월.

한 심경이나 정확한 감정 내지 성격은 파악키 어려웠다.

역시 근 36년 전일진대 그는 자기의 친가가 왕십리에 뚜렷이 있건마는 5년, 10년이 지나도 찾아가는 것을 보지 못하였다.

본인은 그리하는 곡절을 말하지 않기 때문에 나는 나대로 필시 가정풍파려니 억측을 하였다. 그러다가 어느 날 공초를 만나자 그는 창경원으로 산보를 가자 하니 나는 쾌히 승낙했다. 창경원으로 가서 동물원, 식물원으로 두루두루 돌던 판에 공초는 돌연히 '읔' 소리를 치며 "저편에서 우리 아버지가 오신다"고 하더니 빠른 걸음으로 뛰어가서 자기 부친의 목을 껴안고 뺨을 대고 흐느껴 우는 것이었다. 갈수록 모를 일이다. 그다지도 정답고 그리운 아버지를 그다지도 돈망頓忘6한 듯 찾아뵈러 가지 않았던가! 언제는 자기 아우를 만나더니 형제간의 우애가 역시 자별自別하였다. 거거익심去去益甚7 모를 일이다.

예수교 전도사로 출발하여 허무주의자로 산간벽지 등 사찰 행각으로 다채하다면 다채하고 복잡한 생활의 소유자도 같아 보이지만, 나의 시찰視察로는 그의 생활 형태가 너무 단조롭지 아니한가 한다.

---

6 돈망: 까맣게 잊어버림.
7 거거익심: 갈수록 더욱 심해짐.

이런 흥 저런 허물 다 빼놓고 공초는 그의 끽연만큼이나 시적 감정은 초급超急8으로 풍부하다. 초급으로 시정詩情이 벅찰 지경으로 풍부하니만큼 시교詩巧는 부족하다. 절재截裁9가 없다. 절재가 없으니만큼 말의 경제가 없고 따라서 불가피적으로 균제均齊가 없는 것이다.

공초, 육순 맞이하는 우리 공초! 나의 망언을 관서寬恕10하고 갑오년부터는 담배도 줄이고 시의 행수도 줄이기 바라며 육순 술 한 잔, 나로서는 줄일 수 없는 술배를 채워 주길 빌고 바란다. (1953. 12. 20)

---

8   초급: 뛰어난 급수. 특급.

9   절재: 알맞게 끊어서 재단함.

10 관서: 허물을 너그럽게 용서함.

공초 오상순 유고

백일몽白日夢

— 이 일편一篇을 꿀 먹은 벙어리와도 같이 영원한 침묵에 숨 쉬는 지기지우知己之友들에게 바치노라

내 일찍이 새파란 청춘시절 오월 훈풍의 한 해 여름철 세계의 심장의 고동소리가 들리고 그 모공이 환히 들여다보이는 듯 눈부시게도 투명하고 고요한 오후의 한나절

장안 종로 한복판
어느 서사書肆의 어둠침침한 뒷방 골 속에 나는 누워서 깊은 명상에 잠기다가 어느덧 깜박 졸았거니

그 꿈속에, 보라! 선풍旋風처럼 홀연히 일어난 일대 풍악의 선율로 인하여 세계 괴멸의 기적은 일어났으니

거룩한 세계 괴멸의 기적은 일어났으니

하늘과 땅과 뭇 꽃과 풀과 돌과 보석과 하늘의 뭇 별과 바다 속의 뭇 어족과 골방에 잠든 나와 나를 귀찮게 구는 파리와 벼룩과 나를 둘러싼 바람벽과 그렇다! 천지 삼라만상의 두두물물頭頭物物이 돌연 일대 악보로 변하고

금金 목木 수水 화火 토土 —

오행五行과 뭇 원자原子와 그리고 뭇 생물의 혼령이 모두 성음聲音으로 화하고

유와 무가, 생과 사가 모두 음악으로 화하여 돌아가 …

마치 깊은 물속에 일어나는 크나큰 바람소리 큰 바다의 밀물소리와 파도소리 바닷속의 뭇 어족이 춤추며 행진하는 소리 우레소리 지동地動소리 수해樹海의 바람소리 소낙비 쏟아지는 소리 폭풍우 몰아치는 소리 폭포 떨어지는 소리 여울 부닥치는 소리 설산 무너지는 소리 빙산 터지는 소리 천병만마千兵萬馬 달리는 소리 창공을 흔드는 프로펠러소리 지심地心을 두드리는 엔진소리 뭇 공

장의 기계 돌아가는 소리 산속의 호랑이소리 그 산울림하는 소리
사자소리 뱀떼 몰려가는 소리 개미떼 몰려가는 소리 벌떼 몰려드
는 소리 황충蝗蟲이떼 몰려드는 소리 시장에서 와글거리는 소리
닭소리 온갖 짐승소리 온갖 벌레소리 물레방아 돌아가는 소리 사
랑을 속삭이는 소리 뭇 어린이들 어미젖 빠는 소리

  얼어붙었던 온갖 수맥水脈이 풀리는 소리 조춘早春에 뭇 풀이 땅
을 뚫고 싹터 오르는 소리
  온갖 꽃들이 향기를 풍기며 피어 열리는 소리
  뭇 동물의 새 생명이 숨 쉬는 소리

  환상의 세계 무너지는 소리
  꿈의 바다 물결치는 소리

  온갖 소리 소리가 한몫에 모이고 어울리고 화하여 크나큰 풍악
을 일으키고
  지악地樂을 이루어 온 누리는 전체가 빈틈없는 하나의 그랜드
오케스트라 심포니로 움직여 흐르고…

  무無의 바다는 밑 없이 샘솟아 우렁차게 용솟음치는 악곡의 소

리로 터질 듯 아찔하게 맴돌고 소용돌이쳐 돌아가고…

　　내란 것은 그 속에 완전히 녹아 흘러 거창한 음악 바다의 호수
와 함께 파도치며 굽이쳐 돌아가 흐느껴 황홀한데

　　심연 속같이 엄숙한 경악과 경이와 환희와 법열의 절정의 한
찰나
　　문득 꿈에서 깨어나 다시 한 번 자아로 전락한 나는
　　눈을 떠 보니 눈을 뜨고 보니

　　나와 방 안의 책상과 그의 책들과 바람벽과 괘종掛鐘은 의연한
듯하면서도
　　방금 그 천래天來의 대 심포니의 여운에 그윽이 떨고 있어
　　이것이 꿈인가 꿈 아닌 꿈인가 꿈속의 꿈 깨인 꿈인가 꿈인가
　　식무식간識無識間에서 의심은 그윽하고 아득한데

　　이상도 할사 바로 아까 그 심포니의 여운이 완연히 밖에서 들
려오지 않는가
　　나는 다시 한 번 놀래어 눈을 부비고 귀를 기울이며 문 밖에 나
서보니 문 밖에 나서보니

방금 대 심포니의 신비스러운 무한량의 비밀과 선율을 함뿍 호흡해 머금은 양 대낮의 휘황한 일광은 미묘히 떨며 천지에 넘쳐 흘러 만물을 광피光被하고 녹이는 듯한데

   아아 놀랍고 이상할사
   저 서대문 대로 수평선 저쪽으로
   똥통 마차의 장사진의 마지막 꼬리가 그 심포니의 그윽한 여운과 함께 사라져가며 있지 아니한가

   쇠똥 말똥 개똥 돼지똥 닭똥 새똥 사람의 똥
   똥 똥 똥…
   그렇다 의심할 여지없이 뚜렷한 똥통마차의 장사진이어라

   나는 그리고 깨우쳤노라
   그 우주적인 심포니의 참 동인動因은 진실로 이 똥통마차이었음을―

   낮꿈에 취한 나의 골방 앞을
   여러 말굽소리 수레바퀴소리 요란히 떨떨거리며 행진하는 장사진의 똥통마차의 우렁찬 율동은 백주 대도大道를 울리고 골방

을 울리고 벽을 울리고 구들을 울리고 구들은 낮잠 자는 내 몸을
울리고 내 몸은 내 꿈을 흔들어
　꿈과 깨임 사이 한순간에
　영원의 기적이 생기었음을!

　천상만상千象萬象의 잡연雜然한 소음이
　창조적인 나의 꿈속에 스며들어
　비단결같이 고운 오색영롱한 내 꿈의 체를 걸러 조화무궁한 꿈
천재의 표현활동의 과정을 거쳐
　우주적인 대 심포니의 조화를 이루었음을…

　나는 깨달았노라 명확히 깨쳤노라
　꿈이 무엇이며 현실이 무엇인가를
　나는 무엇이며 나 아닌 게 무엇인가를
　순간이 무엇이요 영원이 무엇임을
　생과 사가 무엇이요 유와 무가 무엇임을

　아아 꿈의 기적이여 꿈의 기적이여
　아아 꿈의 맛이여 꿈의 내음새여
　온 누리가 일곡一曲의 악장 속에 휩쓸리고 휘말리어 우렁차게

굴러 돌아가는 거룩하고 신비한 꿈의 기적이여

　삼십유여三十有餘의 세월이 꿈결같이 흘러가 불혹의 고개를 넘
어서 영구히 이 거룩한 꿈의 기적을 가슴속 깊이 안은 채
　아아 나는 벙어리
　꿀 먹은 벙어리
　아아 나는 영원한 벙어리 꿀 먹은 벙어리 기적의 꿀 먹은 벙어리

　오 인류를 위한 거룩한 태초의 역천자逆天者 푸로메튜스여
　다시 한 번 하늘의 굳이 닫힌 불 창고를 깨뜨리고
　그 신성한 하늘의 불을 새로 가져오라 영원한 기적의 꿀 먹은
이놈의 벙어리 냉가슴
　그 불 붙어 폭파하리
　그 불로써만 답답한 이 내 가슴 녹혀지리
　그렇고사 내 자유자재의 몸 되어
　그 기적 말하리
　기적으로 하여금 기적 자신을 말하게 하리
　그렇다 기적을 말하리라

　아앗!

벙어리 말하고 돌도 말하고 벽도 말하고 목침도 말하고 짝지도
말하고 영장도 말하고 백골도 말하고 무도 말하고 손가락이 말하
고 발가락이 말하고 눈썹이 말하고 — 유상 무상이 모두 말하는
기적의 기적이여

기적 아닌 기적이여

오오 —

기적의 자기소멸 기적의 자기해탈이여

오오 기적은 어디 있으며 기적 아닌 건 어디 있느냐

아 아

면사포 벗은 우주의 본면목本面目이여

복면 벗은 세계의 적나체赤裸體여

가면 벗은 만유의 노골상露骨相이여

자유해방한 자아의 진실상眞實相이여

모두가 그대로 기적 아니고녀

오오 —

인류여 생을 사랑하고 사를 감사하고 밥 먹고 똥 누다가 울며
웃으며 눈감으면 그뿐일까

피와 땀과 눈물로 일체 허위와 위선과 추악과 모독과 싸우며

진과 선과 미와 성^聖의 추구와 그 실천으로 생의 보람을 삼는 기
특한 동물이란 구차한 영예로 족할까

　또 하나의 우주를 자기 손으로 창조할 수 있고 파괴할 수 있는
능력이 부여된 실재자임이 유일의 자랑일까
　억만 번 죽었다 깨어나도 달리는 어찌할 도리 없는 숙명의 주
인공이여
　본연히 알면서도 본연히 알지 못할 운명이여

　오오 ─
　무여 공이여 허여 현^玄이여 상^象이여 있다 해도 남고 없다 해도
남고 있고도 남고 없고도 남고 알고도 남고 모르고도 남고 믿고도
남고 안 믿고도 남고 죽일 수도 없고 살릴 수도 없고 어찌할래야
어찌할 수도 없고 낳^生도 않고 죽도 않고 그저 본래 제작으로 왕래
무상往來無常하고 은현자재隱顯自在한 영원 불가사의의 본존이여
　우주를 낳고 만유를 낳고 키우고 거두고 없애는 활살자재活殺自
在하고 밑도 끝도 없이 조화무궁한 생명의 혈맥이요 호흡이요 모
태요 태반이여

　오

크나큰 무덤이여 영원한 적멸궁이여

오

신성불가침의 어머니여

오

신성불가침의 어머니여

무섭게 좋은 어머니 한없이 고마운 어머니

그러나 좋아서 미운 어머니

고마워 딱한 어머니

이러면 어쩌잔 말이요 이 딱한 엄마야

그러면 어쩌잔 말이요 이 딱한 엄마야

어쩌잔 말이요 어쩌잔 말이요

하늘은 오늘도 속모르게 푸르고 흰 구름은 유유히 흐르는데

앞뜰 마당 상록수 밑에 암놈을 거느린 호치豪侈스런 장닭 한 마리

황홀히 눈부신 대낮을 자랑스럽게 긴 목 빼어 울어 마친 그 그

윽한 여운에 앞뜰 마당은 홀연 적멸궁의 정적 완연하고

담장 밖에 제가끔 가슴마다 가지가지의 현실과 형형색색의 꿈을

품고 천파만파로 물결치며 분주히 왕래하는 중생의 행진곡 속에

당신의 발자욱 소리 그윽이 들려오는고녀

허공에 인(印)쳐도 영원히 사라지지 않을 알고도 아지 못할 당신
의 발자욱 소리 그윽이 들려오는고녀

　오 ― 구원 불멸의 나의 발자욱 소리
　오 ― 구원 불멸의 나의 발자욱 소리!

《자유세계》(1952. 8 · 9)

아시아의 여명黎明

아시아의 밤

오, 아시아의 밤

말없이 묵묵한 아시아의 밤의 허공과도 같은 속 모를 어둠이여

제왕의 관곽棺槨의 칠漆빛보다도 검고

폐허의 제단에 엎드려 경건히 머리 숙여

기도드리는 백의의 처녀들의 흐느끼는

그 어깨와 등 위에 물결쳐 흐르는

머리털의 빛깔보다도 짙게 검은 아시아의 밤

오, 아시아의 밤의 속 모를

어둠의 깊이여.

아시아의 땅!

오, 아시아의 땅!

몇 번이고 영혼의 태양이 뜨고 몰沒한 이 땅

찬란한 문화의 꽃이 피고 진 이 땅!

역사의 추축樞軸을 잡아 올리던

주인공들의 수많은 시체가

이 땅 밑에 누워 있음이여.

오, 그러나

이제 이단과 사탄에게 침해되고

유린된 세기말의 아시아의 땅

살육의 피로 물들인

끔찍한 아시아의 바다 빛이여.

아시아의 사나이들의 힘찬 고환睾丸은

요귀妖鬼의 어금니에 걸리고

아시아의 처녀들의 신성한 유방은

독사의 이빨에 내맡겨졌어라

오 ― 아시아의 비극의 밤이여

오 ― 아시아의 비극의 밤은

길기도 하여라.

하늘은 한없이 높고 땅은 두텁고

융융한 산악 울창한 삼림

바다는 깊고 호수는 푸르르고

들은 열리고 사막은 끝없고

태양은 유달리 빛나고

산에는 산의 보물

바다에는 바다의 보물

유풍裕豐하고 향기로운 땅의 보물

무궁무진한 아시아의 천혜天惠!

만고의 비밀과 경이와 기적과 신비와

도취와 명상과 침묵의 구현체具顯體인

아시아!

철학미답哲學未踏의 비경

돈오미도頓悟未到의 성지 대 아시아!

독주와 아편과 미와 선禪과

무궁한 자존自尊과 무한한 오욕汚辱

축복과 저주와 상반相伴한

기나긴 아시아의 업業이여.

끝없는 준순逡巡과 미몽迷夢과 도회韜晦와

회의와 고민의 상암常闇이여

오, 아시아의 운명의 밤이여

이제 우리들은 부르노니

새벽을!

이제 우리들은 외치노니

우레를!

이제 우리들은 비노니

이 밤을 분쇄할 벽력霹靂을!

오, 기나긴 신음의 병상!

몽마夢魔에 눌렸던 아시아의 사자獅子는

지금 잠깨고

유폐幽閉되었던 땅 밑의 태양은 움직인다

오, 태양이 움직인다

오, 먼동이 터온다.

미신과 마술과 명상과 도취와 향락과

탐닉에 준동하는 그대들이여

이제 그대들의 미녀를 목 베고

독주의 잔을 땅에 쳐부수고

아편대를 꺾어 버리고

선상禪床을 박차고 일어서라

자업자득하고 자승자박한

계박繫縛의 쇠사슬을 끊고

유폐의 땅 밑에서 일어서 나오라.

이제 여명의 서광은 서린다

지평선 저쪽에

힘차게 붉은 조광朝光은

아시아의 하늘에 거룩하게 비추어

오, 새 세기의 동이 튼다

아시아의 밤이 동튼다

오, 웅혼하고 장엄하고 영원한

아시아의 길이

끝없이 높고 깊고 멀고 길고

아름다운 동방의 길이

다시 우리들을 부른다.

《예술원보》(1962.8)

애연愛煙소서小敍

서른까지는 담배를 피운다는 걸 불가不可하다고 생각하였을 뿐
만 아니라 심지어는 부도덕적으로까지 느끼고 있었다(마치 완
고한 크리스천들의 상식과도 같이). 그러나 서른을 전후하여 우
연히 피우기 시작한 것이 지금은 아주 고질痼疾이 되어 버렸다.

늦게 배운 도적질이 밤새는 줄 모르는 격으로. 그 후 30여
년의 오늘까지 세수하는 동안, 밥 먹는 동안을 제외하고는 잠
이 깨는 순간부터 시작하여 다시 잠들 직전 순간까지 담배를
물고 지낸다.

처음의 흡연의 이유나 동기는 막연한 순수애연純粹愛煙에 있
었다 볼 수 있다. 육체 주변의 허공 속에 자연紫煙이 엉기기도
하고 흐르기도 하다가 드디어는 그것이 사라져 가는 것을 이윽
히 바라보는 소견법消遣法에 마음이 끌리어서였다. 또, 어느 시

기는 '감정의 연소'라 느끼기도 하고, 또한 어느 시기는 '호흡'으로도 알았다.

내가 싫어하는 글자로는 '금연'이라는 두 자다. 이 두 자를 볼 때는 무슨 송충이나 독사를 본 것같이 소름이 끼친다. 이 두 자가 멋없이 걸리기를 좋아하는 버스나 극장은, 그래서 도무지 가까이하고 싶지가 않다.

처음에는 '순수애연'이던 것이 차츰 생활철학을 해오는 동안, 과도한 긴장상태와 완만상태의 템포를 조절하고 조정하고, 나아가서는 조화하는 바를 효험效驗함으로써 이제는 연아일체경煙我一體境에 산다고나 할까. 하여튼 무연인생無煙人生을 생각할 도리가 없게끔 되었다. 그만큼 애연은 생활상에 있어 나에게 절대 불가결의 필수품이라 함이 마땅하겠다. 담배를 손가락 새에 끼고 있으면, 그것이 다른 어떤 물건같이 생각되질 않고 꼭 내 육체의 일부분으로까지 느껴지는 것이다.

그리고 뿜어낸 자연紫煙이 한참 동안 허공에 머물다가 사라지는 것을 내 육체의 일부분의 명멸明滅의 모습으로 짐작하는 것이다. 다른 것, 이를테면 과학이니 예술이니 종교니 하는 데 대한 이야기에 염증을 느낀 지는 이미 오래지만, 담배에 대한 이야길 하라면 언제라도 흥미를 안 잃고 흥이 나면 며칠 몇 밤이라도 이야기할 자신이 있다. 30여 년의 흡연 역사에 에피소

278

담배 피우는 오상순

드는 헤아릴 수 없을 만큼 많기 때문이다.

한때 술을 많이 마시고 모자고 스틱이고 마구 잃어버린 채 코를 골고 곤드라져 가면서도 파이프는 손가락 새에 쥔 채로 있었다 한다. 옆에서 누군가가 파이프를 빼려고 했으나 이놈 은 도무지 빠지지를 않더란다.

나에게 있어 실로 애연기愛煙記를 빼놓고는 내 자서전은 백지 와 다름없다.

《현대문학》(1956. 7)

짝 잃은 거위를 곡哭하노라

내 일찍이 고독의 몸으로서 적막과 무료의 소견법消遣法으로 거위 한 쌍을 구하여 자식삼아 정원에 놓아기르기 10개 성상星霜이거니 올 여름에 천만 뜻밖에도 우연히 맹견의 습격을 받아 한 마리가 비명에 가고, 한 마리가 잔존하여 극도의 고독과 회의와 비통한 나머지 음식과 수면을 거의 전폐하고 비 내리는 날, 달 밝은 밤에 여윈 몸 넋 빠진 모양으로 넓은 정원을 구석구석 돌아다니며 동무 찾아 목메어 슬피 우는 단장곡斷腸曲은 차마 듣지 못할러라.

죽은 동무 부르는 제 소리의 메아리인 줄은 알지 못하고 찾는 동무의 소린 줄만 알고 홀연 긴장한 모양으로 조심스럽게 소리 울려오는 쪽으로 천방지축 기우뚱거리며 달려가다가는 적적무문寂寂無聞, 동무의 그림자도 보이지 않을 때 또다시 외치며 제 소리 울려오는 편으로 쫓아가다가 결국은 암담한 절망과 회의의 답답한 표정으로 다시 돌아서는 꼴은 어찌 차마 볼 수 있으랴.

말 못하는 짐승이라 때 묻은 말은 주고받고 못하나 너도 나도 모르는 중의 일맥一脈의 진정이 서로 사이에 통하였던지 10년이란 기나긴 세월에 내 홀로 적막하고 쓸쓸하고 수심스러울 제 환희에 넘치는 너희들의 약동하는 생태는 나에게 무한한 위로요 감동이었고, 사위四圍가 적연寂然한 달 밝은 가을밤에 너희들 자신도 모르게 무심히 외치는 애달픈 향수의 노랫소리에는 나도 모르게 천지 적막의 향수를 그윽이 느끼고 긴 한숨을 쉰 적도 한두 번이 아니라니—

고독한 나의 애물愛物아, 내 일찍이 너에게 사람의 말을 가르칠 능能이 있었던들 이내 가슴속 어리고 서린 한없는 서러운 사정과 정곡情曲을 알려 들리기도 하고 호소도 해보고, 기실 너도 나도 꼭 같은 한없는 이 설움 서로 공명도 하고 같이 통곡도 해보련만 이 지극한 설움의 순간의 통정을 너로 더불어 한 가지 못하는 영원한 유한遺恨이여—

외로움과 설움을 주체 못하는 순간마다 사람인 나에게는 술과 담배가 있으니 한 개의 소상반죽蕭湘斑竹의 연관煙管이 있어 무한으로 통한 청신한 대기를 속으로 빨아들여 오장육부에 서린 설움을 창공에 뿜어내어 자연自然의 선율을 타고 굽이굽이 곡선을 그리며 허공에 사라지는 나의 애수哀愁의 자취를 넋을 잃고 바라보며 속 빈 한숨 길게 그윽이 쉴 수도 있고, 한 잔의 술이 있어 위로 뜨고 치밀어 오르는 억제 못할 설움을 달래며 구곡간장九曲肝腸 속으로 마셔 들여 속으로 스며들게 할 수도 있고, 12현 가야금이 있어 감정과 의지의 첨단적 표현 기능인 열 손가락으로 이 줄 저 줄 골라 짚어 간장에 어린 설움 골수에 맺힌 한을 음률과 운율의 선에 실어 찾아내어 기맥이 다하도록 타고 타고 또 타 절절한 이내 가슴 속 감정의 눈물이 열두 줄에 부딪쳐 몸부림 맘부림 쳐가며 운명의 신을 원망하는 듯, 호소하는 듯, 밀며 당기며, 부르며, 쫓으며, 잠기며, 맺으며 풀며, 풀며 맺으며, 높고 낮고, 깊고 짧게 굽이쳐 돌아가며, 감돌아가며 감돌아 들며 미묘하고 그윽하게 구르고 흘러 끝 가는 데를 모르는 심연한 선율과 운율과 여운의 영원한 조화미 속에 줄도 있고 나도 썩고 도연히 취할 수도 있거니와 ―

그리고 네가 만일 학鶴이라면 너도 응당 이 곡조에 취하고 화하여 너의 가슴속에 가득 답답한 설움과 한을 잠시라도 잊고 춤이라도 한 번 덩실 추는 것을 보련마는 ―

아아, 차라리 너마저 죽어 없어지면 네 얼마나 행복하며 네 얼마나 구제되랴. 이내 애절한 심사 너는 모르고도 알리라. 이

282

내 무자비한 심술 너만은 알리라. 만물의 영장이라는 인간이 말 못하는 짐승이라 꿈에라도 행여 가벼이 보지 말지니 삶의 기쁨과 죽음의 설움을 사람과 똑같이 느낌을 보았노라. 사람보다도 더 절실한 느낌을 보았노라. 사람은 산 줄 알고 살고, 죽는 줄 알고 죽고, 저는 모르고 살고 모르고 죽는 것이 다를 뿐, 저는 생, 사, 운명에 무조건으로 절대 충실하고 순수한 순종자 —

사람은 아는 것을 자랑하는 우월감을 버리고 운명의 반역자임을 자랑 말지니 엄격한 운명의 지상 명령에 귀일하는 결론은 마침내 같지 아니한가.

너는 본래 본성이 솔직한 동물이라 일직선으로 살다가 일직선으로 죽을 뿐 사람은 금단의 지혜의 과실을 따 먹은 덕과 벌인지 꾀 있고 슬기로운 동물이라 직선과 동시에 곡선을 그릴 줄 아는 재주가 있을 뿐, 10년을 하루같이 나는 너를 알고 너는 나를 알고 기거起居와 동정動靜을 같이하고 희로애락의 생활 감정을 같이하며 서로 사이에 일맥의 진정이 통해 왔노라.

나는 무수한 인간을 접해 온 10년 동안에 너만큼 순수한 진정이 통하는 벗은 사람 가운데서는 찾지 못했노라. 견디기 어렵고 주체 못할 파멸의 비극에 직면하여 술과 담배를 만들어 마실 줄 모르고 거문고를 만들어 타는 곡선의 기술을 모르는 솔직 단순한 너의 숙명적 비통을 무엇으로 위로하랴. 너도 나도 죽어 없어지고 영원한 망각의 사막으로 사라지는 최후의 순간이 있을 뿐이 아닌가.

말하자니 나에게는 술이 있고, 담배가 있고, 거문고가 있다지만 애달프고 안타깝다. 말이 그렇지 망우초忘憂草 태산 같고 술이 억만 잔인들 한없는 운명의 이 설움 어찌하며 어이하랴. 가야금 12현인들 골수에 맺힌 무궁한 이 원怨을 만분의 일이나 실어 탈 수 있으며, 그 줄이 다 닳아 없어지도록 타 본들 이놈의 한이야 없어질 기약 있으랴.

간절히 원하거니 너도 잊고 나도 잊고 이것저것 다 없다는 본래 내 고향 찾아가리라. 그러나 나도 있고 너도 있고 이것저것 다 있는 그대로 그곳이 참 내 고향이라니 답답도 할사 내 고향 어이 찾을꼬, 참 내 고향 어이 찾을꼬.

창밖에 달은 밝고 바람은 아니 이는데 뜰 앞에 오동잎 떨어지는 소리 가을이 완연한데 내 사랑 거위야, 너는 지금도 사라진 네 동무의 섧고 아름다운 꿈만 꾸고 있느냐.

아아, 이상도 할사, 내 고향은 바로 네로구나. 네가 바로 내 고향일 줄이야 꿈엔들 꿈꾸었으랴. 이 일이 웬일일까. 이것이 꿈인가. 꿈 깨인 꿈인가. 미칠 듯한 나는 방금 네 속에 내 고향 보았노라, 천추千秋의 감격과 감사의 기적적 순간이여, 이윽고

벽력 같은 기적의 경이와 환희에 놀란 가슴 어루만지며 침두枕
頭에 세운 가야금 이끌어 타니 오동나무에 봉鳳이 울고 뜰 앞에
학鶴이 춤추는도다. 모두가 꿈이요, 꿈 아니요, 꿈 깨니 또 꿈
이요, 깨인 꿈도 꿈이로다.

　　만상이 적연히 부동한데 뜰에 나서 우러러보니 봉도 학도 간
곳 없고 드높은 하늘엔 별만 총총히 빛나고 땅 위에는 신음하
는 거위의 꿈만이 그윽하고 아름답게 깊었고녀 ─

　　꿈은 깨어 무엇하리.

공초 오상순 연보

1894년	8월 9일 서울시 중구 장충동 1가 19번지, 광희문 안 '느티나무집'에서 태어남.
1898년(4세)	집 근처 서당에 다님.
1900년(6세)	어의동소학교(현재 효제초등학교)에 입학.
1906년(12세)	어의동소학교 졸업. 경신학교 입학.
1907년(13세)	어머니 돌아가심.
1911년(17세)	경신학교 졸업. 아오야마학원 입학, 1년 수학.
1912년(18세)	일본 교토의 도시샤대학 종교철학과 입학.
1915년(21세)	유학 가 있는 동안 부친은 최성여와 재혼.
1917년(23세)	도시샤대학 졸업.
1918년(24세)	귀국, 하왕십리동으로 이사 간 본가로 감. 제1차 중국 여행. 그 후 집을 나와 다시는 본가에는 가지 않음.

1919년(25세)	3·1운동이 일어남. YMCA에서 번역 일을 하다가 정동교회의 전도사가 됨. 일본에서 사랑을 찾아 배를 타고 온 여인을 돌려보냄.
1920년(26세)	《폐허》 동인에 참가. 《폐허》 창간호에 〈시대고와 그 희생〉이란 논설 발표. 《개벽》 제5호에 다수의 시 발표. 일본인 야나기 무네요시 부부를 도와 '조선음악회' 주선. 《폐허》 제2호에 장문의 논문 〈종교와 예술〉 발표.
1921년(27세)	조선중앙불교학교 교사가 됨. 최초의 시 전문 동인 《장미촌》에 참가. 바하이교 전도사 아그네스 알렉산더가 교리 발표를 할 수 있게 도와줌.
1922년(28세)	《신민공론》 제2호에 장시 〈아시아의 마지막 밤 풍경〉을 발표. 두 번째 중국 여행. 에스페란토 집회에 참석.
1923년(29세)	보성고보 교사가 됨. 《동명》에 시 〈허무혼의 선언〉을 발표. 간도에 머물며 동양학원의 강사를 함.
1924년(30세)	《폐허이후》에 시 〈폐허의 제단〉, 〈허무혼의 독어〉 발표.
1926년(32세)	범어사에 들어가 3년여 불도를 닦지만 스님이 되지는 않음. 전국을 편력. 이때부터 '공초'(空超)라는 호를 씀.
1930년(36세)	중국에 세 번째 감. 소주, 항주, 청도 등을 여행함. 베이징의 저우쭤런 집에서 기거하기도 함. 루쉰을 만남. 귀국 이후 다시 조선중앙불교학교 교수 생활을 함.
1940년(46세)	이상화 시인의 주선으로 기생이었던 한 여성과 대구에서 동거를 시작, 부친 장례식 무렵까지 이어짐.

공초 오상순 연보 287

1945년(51세)	8 · 15광복 후 잠시 서울에 있다 다시 대구로 감.
1946년(52세)	아버지 작고. 이때부터 삭발했다는 말이 있음.
1951년(57세)	부친 장례식 이후 서울로 거처를 옮김. 주로 조계사, 역경원, 선학원 등에서 기식함. 한국전쟁이 일어나자 대구로 피난을 갔다가 부산으로 감. 이때부터 주로 다방에서 생활함.
1953년(59세)	환도 후 주로 조계사에서 기식. 이 무렵부터 사인북 《청동문학》이 만들어지기 시작함.
1954년(60세)	예술원 회원으로 추대됨.
1956년(62세)	예술원상 수상.
1961년(67세)	조계사를 나와 정이비인후과에서 생활함.
1962년(68세)	서울시문화상 문학부문 본상 수상.
1963년	6월 3일 작고. 7일에 문단장 엄수. 유고시집 《공초 오상순 시선》이 자유문학사에서 나옴.
1983년	전집 《아시아의 마지막 밤 풍경》이 한국문학사에서 나옴.
1984년	정공채의 오상순 평전 《우리 어디서 만나랴》가 백양출판사에서 나옴.
1988년	구상이 편한 《시인 공초 오상순》이 자유문학사에서 나옴.

1993년	공초문학상 제정, 제1회 수상자로 이형기 시인이 결정됨.
2008년	박윤희가 일본 교토 조형예술대학에서 오상순론으로 박사 학위를 받음.
2009년	8월호 《문학사상》 오상순 특집호가 이승하의 주선으로 만들어짐.
2013년	공초 50주기 기념행사가 수유리 묘소서 거행됨.
2015년	《상허학보》 제43호에 이은지의 논문 〈1920년대 오상순의 예술론과 이상적 공동체상(像)〉이 게재됨.
2016년	3월호 《문학사상》에 고 박윤희 박사의 〈밤을 찬미하는 두 시인-오상순과 니체〉가 번역·수록됨.

신화로 남은 최초의 신부
김대건이 걸어간 십자가의 길

최초의 신부
김대건

이승하(시인, 중앙대 문예창작학과 교수) 지음

이 책은 19세기 초 폐쇄적 유교문화의 가치관과 서학이라는
새로운 가치관이 충돌한 격동기 조선에서 김대건 신부가 남
긴 의미를 좇는다. 또한 가혹한 종교 박해를 당하며 느낀 고
독과 두려움을 생생하게 묘사하여 청년 김대건의 심리에 공
감하게 한다. 현대문으로 옮겨 실은 김대건 신부의 편지는 숱
한 고난에도 굴복하지 않고 민중을 구원하려 했던 그의 단단
한 삶의 태도를 독자에게 전한다.

4×6판 I 204면 I 9,800원

나남
nanam

내 목을 자를지언정 상투를 자를 수는 없다!
일제에 끝까지 맞서 싸운 면암 최익현의 삶

마지막 선비
최익현

이승하(시인, 중앙대 문예창작학과 교수) 지음

구한말의 위기 속에서 최익현은 조선 5백 년의 근간이었던
우리의 사상과 질서, 왕조를 지키고자 투쟁했다. 그는 의병
봉기 후 끌려간 대마도에서 일본 땅에서 난 음식은 먹지 않
겠다며 단식 투쟁 끝에 숨을 거두었다. 저자 이승하는 최익현
의 인간적인 면모를 중점적으로 다루면서 무엇이 그를 위정
척사파와 의병장 활동으로 이끌었는지 묘사한다. 작은 이익
에 따라 이합집산을 반복하는 오늘날의 사람들에게 그의 이
름은 매서운 꾸짖음과 큰 감동으로 다가온다.

4×6판 I 306면 I 9,800원

나남
nanam